"Interview" American

"面试" 美国大学

先 庆／著
(SHIRLEY)

College Campuses

社会科学文献出版社
SOCIAL SCIENCES ACADEMIC PRESS (CHINA)

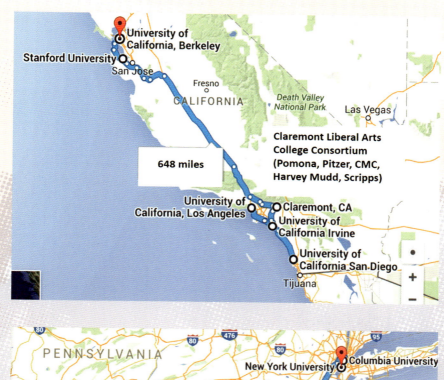

2014 年加州访校行（上）
2015 年夏美东访校行（下）

2015 年夏新英格兰访校行（上）
2015 年夏纵贯美国访校行（下）

2018 年春新英格兰访校行

阿姆赫斯特学院——远山如黛（上）
阿姆赫斯特学院自然博物馆（下）

布兰迪斯大学（上）
加州理工学院 校园里的乌龟池塘（下）

卡尔顿学院（上）
克莱芒麦克纳学院校园俯瞰（下）

波莫纳学院（上）
斯克瑞普斯学院（下）

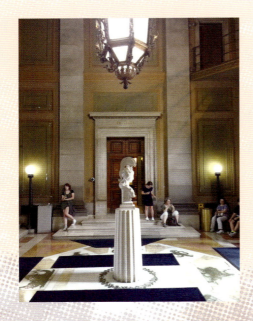

哥伦比亚大学图书馆内景（上）
哥伦比亚大学校园广场（下）

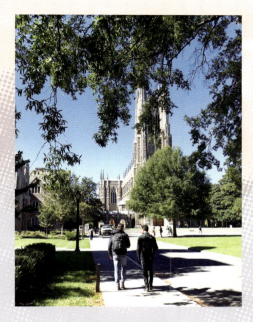

杜克西校区标志性建筑（上）
欧林工程学院——学以致用，用以促学（下）

伦斯勒理工音乐厅内景（上）
帕森斯设计学院——曼哈顿街区校园景色（下）

普拉特学院学生作品（上）
普拉特学院校园（下）

罗德岛设计学院——学生作品（上）
罗德岛设计学院招生办所在地（下）

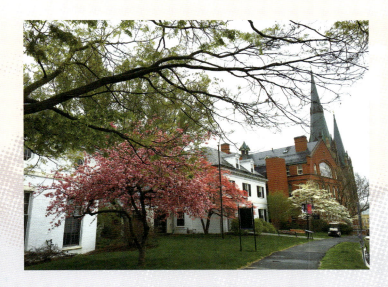

史密斯女校之早春（上）

圣母大学（下）

明尼苏达大学——五彩校园（上、下）

维克森林大学招生办接待大厅（上左）　　维克森林大学校园（上右）
威廉姆斯学院——坐落在紫霞山谷的顶级文理学院（下）

耶鲁大学贝尼克珍本与手稿图书馆（上）
耶鲁大学斯特林图书馆（下）

◆ 注：所有校园照片均为作者手机拍摄

献给我最亲爱的老爸老妈。

自 序

"面试"大学之路

边走边看

我从小长在校园里。爸爸忙于科研教学，学生们叫他先老师，从两岁起，我就被他的学生们轮流抱在手上。说是个教授，实际上像个老顽童，我记得小时候去他教研室，他总蹲在地上招呼大家打拱猪，输了就蹲地上，他总输，就老蹲着，还不停招呼大家，来玩儿呀。爸爸手特巧，什么都会做，电器呀，玩具呀，修修补补呀，剪裁衣服呀。而妈妈从我有记忆起，就在管理研究生招生。妈妈呢，老一本正经的。很小的时候在校园里走丢，联防找到我，问我父母干什么工作，我朗声回答，我爸是补锅的，我妈是读报的。但等到我上大学时，我的心愿却是跑得越远越好，直接放飞。

中学时代，刚好赶上中苏关系解冻，所有省重点中学必须开设俄语课，我刚好赶上走读班学俄语，于是中学就学了 6 年俄语。记得我们女生小合唱《喀秋莎》和《莫斯科郊外的晚上》还得了一等奖，穿着俄罗斯民族服装用俄语唱的。因为大学第三年必修专业英语，大学入学前的暑假我就开始自学英语了。同学们中学都学过 6 年英语，不难想见我大学第一次英语考试，结果之惨烈。但期末考试我及格了，大二、大三过了四级和六级。谁又能想到有一天我会到美国读 MBA，甚至工作、生活下来呢。可能和这个经历有关，也可能天生如此，我对不会的东西总有好奇心，缺乏畏惧心，不会？需要？学！

　　一直都爱到处跑，大学的每一个节假日可能都没在学校待过，那时完全没钱，节衣缩食生挤微薄的生活费去旅游，营养可能不够，夏天从北京去南京的火车上还昏过去一次。毕业以后，变本加厉，全国各处溜达。出国以后，更收不住了，满世界溜达。可怜的老妈，美好的梦想总被我打碎。高中毕业，老妈希望我留在南方老家读大学，我跑到了北方。毕业后，当老妈以为我终于搞定了一份好工作，可以稳定下来了，我跑到了美国。MBA 毕业后，我到金融机构工作，办身份，老妈又松了一口气，以为我安定了，我跳槽换了工作……老妈急了，说了一句我至今经常引用的名言"下次你只能去月球了，地球都拉不住你了"。后来我在公司升职了，老妈满意了，以为"野"女儿终于"驯良"了。等我认识到自己对人更感兴趣，辞职出来做教育顾问，我挨个给朋友写信陈述我的打算，但直到离职后都一直瞒着爸妈，担心他们年纪大了，尤其老妈，受不了这种刺激。偏有"好事者"从美国、加拿大把我写的公众号文章漂洋过海传给他们，第一次他们来问，我期期艾艾地，说我兼职做点。

一周后，他们又来问，撒谎实在不是我的强项，没绷住，直接告诉了他们。这下轮到我友邦惊诧了，两人居然全盘接受，一点都没反对。不知道是因为反对从来无用，还是因为从女儿过去的40多年生涯中，他们已经"习惯成自然"了。毕竟我还在地球上。

后来老有朋友对我说，做教育顾问太适合你了。我也这么认为。在我的认知里，做教育顾问最重要的职责之一就是帮助孩子们了解自己，找到最合适自己的成长道路与环境，要做到这一点，有两个至关重要的部分，一是深入地了解孩子，同时在这个过程中帮助孩子了解自己；二是深入地了解学校，针对申本，就是了解大学。而这种了解，是不可能仅仅靠查查网页、看看排名、对比数据就达到的。我常和我的学生说一句话："美国好，因为美国提供多种选择；美国不好，因为选择太多了。"找到适合自己的那款从来不是易事。正如美国大学挑选学生需要从多方面多角度来评估，孩子们选大学也一样需要从多方面多角度来评估选择。职场这么多年来，我最大的体会就是，永远不要把沟通看成是单向的，沟通就是双向的——相互了解、评估、选择。面试求职如此，大学申请一样。选择永远是双向的，这样的心态很重要，有这样的心态，出发点就不一样了，你不再仅仅被动地被人选择，也拥有主动权了。作为教育顾问，我能为孩子们做的，就是去实地"面试"大学。网上书上的数据，大家都可以查到，但实地考察，感受多多少少带有个人视角，我的视角当然无法取代孩子们自己的视角，但同时，孩子们不可能有时间精力实地访问几十个甚至成百上千的大学，对于远在太平洋那一边的孩子们，就更不现实。我做的就是初选，我会分享我的个人感受，更重要的，我会分享我感受中的为什么，希望能为他们打开一些思路。而每一次校园访问，我切切实实地当作一次对学校的"面试"。我自己就曾写过："看一个学校，除了看校园、教育理念与体系、资源、专业强项等，更重要的是看人。人是一个学校综合的反映，不同的人是否呈现某种层面的一致性也非常有意思。招生官介绍会上强调什么，怎么回答问题，校园氛围如何，学生导游是什么样的人，如何介绍校园，与路遇的其他同学如何互动，如何回答问题等，我都在心里做了比较。发现自己对每个学校、每个打了交道的人都写了评语。校园访问，不就是我给每个大学的一个'面试'吗？"

在过去 3 年多的时间里，我"面试"了 80 所大学（见附录）。从开始的懵懵懂懂，按部就班，例行公事，到逐渐有了比较，有了体会，更重要的，有了内心感受，有了总结，有了提炼。也就是说，开始走心，由表及里。对我自己而言，这也是一个学习的过程。我也很重视参加每年行业协会的全球大会（美国为主），不仅有更多机会听到不同大学招生人员自己的说法，更重要的是有机会和同行们进行交流，了解他们的角度与看法，让自己的体验更全面、更切实。

每次参观，我都有详细的笔记与评语，其中一部分有机会写下来成为比较完整的文章，有时以为笔记很详尽完整了，但真正落笔写出来其实还需要很多的时间与精力。尤其是有时想法比较多时，如何有效、有序地表达出来，煞费思量。比如关于杜克大学访问那篇，就花了很多的时间和心思。有时在湖边咖啡馆坐了半天，一段话也没挤出来。但慢慢地，想要表达的会逐渐成型，最终完稿往往是几个月后，无数小时的投入。转眼我也写了几十篇文章了，我选出其中一部分集结成书，一共是24篇校园访问记、3篇心得，是希望更多有需要的人可以看到，希望提供不同的视角来看这些学校，希望通过我的个人体验与感受，帮助孩子们拼出更完整的大学形象，兼听则明，做出更合适的选择。这些文字不是数据整合，因为数据可以上网直接查询，这些是我个人的一些体验。当然，这些体验中包含了我自己走过的路、读过的书，包含了我在美读书，职场打拼，中美之间来回穿梭，在美20年生活学习工作的体验与总结与沉淀。而我的体验，本身也是在不断成熟深化的，不仅孩子们在学习成长，我又哪一刻不是在学习成长融会贯通呢？

孙子兵法讲：知己知彼，百战不殆。访校了解美国高校，是知彼；而了解学生，帮助学生了解自己，则是知己。只有知己知彼，才有可能找到真正适合自己的成长之路、成长环境。下一步，我希望通过写作，分享我的一些学生的成长实例，他们是如何发现自己，找到合适自己的成长之路，找到并进入适合自己的大学，以及他们入学后的一些成长轨迹。不过下一步毕竟是下一步。让我们先从"知彼"出发。

回到原点

　　前年回国，父母陪我去姐姐工作的大学图书馆参观，正好有一个关于大学历史的展览，妈妈突然指着镜框里的一个名字叫起来，"这不是爸爸（我外公）的名字吗？"正是。抗战时期，外公一直在当时的中央大学担任国文教授，那是 20 世纪三四十年代的事了。

　　转眼老爸从科研教职上退休也近 20 年了，他 65 岁退休。他当年的学生还叫他先老师，但不再有新的学生叫他先老师。这几年来，有更多的学生和他们的家庭开始叫我先老师了。成长的过程中，我从未想象过有一天会有人叫我先老师。刚开始听到时非常不习惯，老爸的称呼怎么可以用来叫我？但逐渐地我也开始心安理得了。如果生活是一个圆，从起点出发，绕了一个大圈，我又回到了原点。但生活又不仅仅是一个简单的圆，我所回到的这个原点并不是当初出发的这个点，在认知上，有了不同的高度和厚度。而我画出的这个圈，也不算小，不仅穿越了时间，还穿越了空间。

　　这是否也是一种传承呢？

先戾
（shirley）

记于 2018 年春

／"面 试"美 国 大 学

第一编

Shirley校园行

你相信什么？ *

阿姆赫斯特学院

　　一连几天，我一位学生的妈妈，也是我的一个朋友，不断用各种微信文章跨洋"轰炸"我。这些文章都在讨论一个共同的主题：阶层是否已经固化以及阶层上升通道是否已经关闭。我一边读着这些文章，一边构思着我的阿姆赫斯特学院（Amherst College）的访问随笔，不禁想起美国前总统奥巴马关于阿姆赫斯特学院的一段评论，他是在一群美国顶尖高校的校长和著名慈善家面前发表的这段评论："美国精神的核心，是给予每个公民向社会上层流动的机会，大学文凭是一个人进入中产阶级最好的敲门砖。我希望每一所美国的精英大学都能像阿姆赫斯特这么做。"阿姆赫斯特在招生时做出无条件经济资助的承诺：学校愿意招收来自任何文化、阶层、地域背景的优秀学生，而不考虑其经济支付能力。说老实话，一视同仁地为所有学生包括国际学生提供经济资助也是我实地访问阿姆赫

---

* 　Shirley 访校于 2015 年 8 月，2018 年 3 月记于明州，窗外雪暴刚过。

斯特时印象最深刻的点，阿姆赫斯特是当时我听到的第一个对国际学生 100% Need Blind（录取 100% 不考虑支付能力）和对国际学生提供同等经济资助的大学。现在我了解到有更多在经济资助方面对国际和国内学生同等对待的大学，但数量仍非常有限。

在对阿姆赫斯特学院的研究中，有一个吸引我的小细节，就是它是小说家丹·布朗的本科母校。我很喜欢丹·布朗的《天使和魔鬼》和《达芬奇密码》，尽管对他的《地狱》很不以为然。大学毕业后，丹·布朗花了不少年头追寻他的音乐梦，但只能说成绩一般，后来又回到他父亲教过书（数学）、他自己就读过的高中 Phillips Exeter（美国最顶级的寄宿高中）教书，直到写出《达芬奇密码》，他才是核爆式地成功。但我相信这最终的"核爆"和他的文学、历史、密码学素养、英文写作底子、人生历练（他在欧洲居住多年）直接相关。但"核爆"之前多年，按照世俗的标准，他显然不算成功。有人也许就此下结论：看，文理学院毕业生找不到工作。事实上不过是他的自我选择。在华尔街工作多年的同学告诉我，至少在华尔街，阿姆赫斯特或者史密斯女校等高端文理学院的毕业生大受欢迎，也发展得很好。我想我唯一能得出的结论是，文理学院确实并不适合每个学生。大学申请中，很重要的是弄清楚自己要什么（Desire）、需要什么（Need）、适合什么（Fit）。另外每个文理学院都有一些不同，适合不同的学生，找到适合自己的那款更是格外重要。俗语讲"出来混，迟早要还的"。某个阶段取巧偷懒（比如不肯花时间自己认真调研目标大学从而找到真正契合的大学），迟早是要还的，关键具体什么时候还，怎么还，难讲。

访问阿姆赫斯特是在 2015 年，那一天是 8 月 28 日，我们中国人眼里的吉日。当天结束的时候，我忍不住在朋友圈里写到："阿姆赫斯特学院是我这一年以来看过的最喜欢的学校，Literally falling love with it（真是爱上它了）。"当然第二天我访问了威廉姆斯学院，刷新了纪录，威廉姆斯学院至今仍牢牢占据我心中大学名单的第一名。可惜威廉姆斯只有本科，不然我也许已经在那儿读上书了。送学生去威廉姆斯读书仍是我梦想名单上尚未划掉的一条。

人文关怀

校园的氛围是由人形成的。那天开车到校园，约定时间快到了，我却找不到招生办在哪儿，迷茫中，我把车窗玻璃摇下来向远处一位小伙子问路，为了弄明白我的问题并给我讲清楚，他奋力跑到我的车前来给我指方向。和所有真正让我爱上的学校一样，喜爱的背后最关键的原因往往是人。我在威廉姆斯学院碰到了一个最好、最有意思的学生导游，而在阿姆赫斯特，我碰到了一名最棒的介绍会的讲解人。给我们做介绍会的是一位负责招生和学术的女士 Nancy，她的先生是阿姆赫斯特教生物的教授。人非常亲和通透，很擅长通过讲故事来表明一些重要的观点。

Nancy 一上来她就表明阿姆赫斯特学院的教育不仅仅致力于为你培养一项技能，而是帮助你发现下面两点。

1.What do you believe（你相信什么）？

2.How to articulate and influence（如何有效表述与沟通并影响他人）？

她讲的两个故事给我留下了深刻的印象。

第一个故事是关于大学学习和高中学习的不同。她讲到一个来自芝加哥的女孩，她高中时总是仔细听老师的要求，尽力照着老师的要求做到最好。刚来 Amherst 时，上大一的 seminar（研讨会）时，有一次讨论到南亚文化，这堂课有三位老师：一位搞历史，一位是政治学家，一位是搞自然科学的。其间三位老师之间的争论变得白热化，一度老师们完全忘记了学生们的存在。这一来彻底颠覆了这个学生关于学习的认知，意识到有效的大学学习不可能仅仅靠"听老师的话"，必须自己独立思考。三个老师，各有各的看法，谁是对的呢？

第二个故事是关于阿姆赫斯特师生关系的。Nancy 自己的先生就是大学教授，教生物。有一段时间，她先生腿受伤没法去教室上课，一天他看到《纽约时报》上一篇文章很有触动，无比渴望与学生们交流分享。于是学校为他和他的学生们专门安排了一辆车，一周两次把学生送到他家。养伤的先生每次从楼梯扶手上滑下楼来，给学生们上课，展开讨论。学生们给他的回报是每天发海量的科学笑话给他。

Nancy 很耐心细致地回答了大家的问题。让人很有"听君一席话，胜读十年书"的感觉。她每年参与学校关于教育理念和策略以及具体举措的讨论与决策。听着她谈话，我不禁在心里暗暗把"眼界决定高度，高度决定视野，视野决定战略"来回咀嚼。回想起前两天儿子问我好大学的价值，我想最大的价值就是碰到这样的人吧，无论是老师还是同学，都能帮助你拓宽视野。

听她的介绍会时，还有两个小的细节。一个是当她询问在座孩子们的专业兴趣时，在座的亚裔家庭的孩子只有两种选择：商业和计算机，而在座其他种族的孩子的回答则非常多元。第一次现场观察到这种分流，很有意思。当然，我这几年接触的国内的孩子，兴趣和未来方向也越来越多元了，有更多的家庭显示出更多的宽容与支持。

另一个细节是一位黑人女士听到学院正在建设新的宿舍和其他设施，很关心地问这是否会影响到为学生提供经济资助。也许和实际情况不符，但当时她提问的语气和表情给我的第一印象是一种受害者思维，总是在担心别人动了自己的奶酪。谈不上好与坏，但也耐人寻味。

介绍会后参观校园，我们的小导游的专业是生物，一个非常真实、接地气的年轻姑娘。她带我们参观校园餐厅并向我们介绍"good food（不错的食品）"时，一个小伙子路过，冲我们大喊一声"best food（最好的食品）"，引得我们一群人爆笑。

参观图书馆时，小姑娘又提到，每次她感到挫败、情绪低落时，总是图书馆、咖啡馆的工作人员给予她最需要的鼓励。尽管只是匆匆的访问，走在校园里，心是暖暖的。

学术自由与支持

阿姆赫斯特学院作为一家小型的文理学院，培养出 4 位诺贝尔奖获得者、30 多位普利策奖得主、1 位总统，也为国民党培养出一个叶公超。它整体学生总数比哈佛本科一年级的新生也就只多出一两百人，但却拥有超过 20 亿美元的校友捐款。美国新闻的文理学院排名，它常年排名第二。作为一所大学，它无疑是成功的，它的教育是有效的。而这一切，和它的办学理念直接相关。

它的现任校长曾经在采访中提到，她心目中的理想教育模式是"教给学生创造性思考与批判思维的能力"。正如介绍会上 Nancy 一开始就指出的，教育不仅仅致力于为你培养一项技能，阿姆赫斯特认为教育是一种过程，注重个人的教育，而不是一开始就更注重学术专业化的培养。学校传授的不仅仅是应付生存的知识和技能，更重要的是让学生思考。它希望它的学生能有机会探索专业之外一系列的其他学科，满足求知欲。和很多其他文理学院和顶级私校不太一样，阿姆赫斯特学院既没有核心课程（Core Curriculum），也没有课程选择要求（Distribution Requirement），学校提供全开放式的学术氛围，学生被赋予绝对宽容的学术自由度，学生对自己的课程甚至专业都有绝对的话语权。这样的教育，给学生的认知、理解与表现注入活力，让他们在任何自己选定的领域内成为翘楚。但换一个角度，因为这种自由度，对学生本身的求知欲和自我管理能力要求更高，可能并不适合每一个学生。

另一个方面，只有大一的研讨会性质的课程是必修的，有大量的写作，高强度高要求。和其他顶级文理学院和私校一样，阿姆赫斯特也非常注重沟通的能力，无论口头还是书面。职场多年后，我自己深刻地体会到沟通能力、英文写作能力的重要，有时我的美高学生会向我抱怨他们的英文老师太严格了，我会很认真地劝他们：一定好好珍惜这样的学习机会，如果老师有水平又肯严格要求你（严格要求学生往往意味着老师需要付出额外的时间和精力），如果你的写作能力得以提高，你会终生受益。很多时候，沟通远非单纯的语言问题，同样的事情，怎么写，先讲什么，后讲什么，如何遣词造句，对最后讲出来的效果和影响力差别巨大。

在阿姆赫斯特，学生到大二结束前才选定专业，和其他文理学院一样，双专业毫不稀奇。学院让学生大二末再选专业的原因，正是想为学生提供更多的机会先尝试后再决定。因为他们很了解：你高中的喜恶和大学的感受可能完全不同。阿姆赫斯特的学生的大部分课程是在专业之外，所有的课程都是由教授而不是学生助手来教授的。全校学生和老师的比例是 8∶1，平均课堂人数是 16 人。学生四年内完成 32 门课程，除了大一的 8~10 门要求的课程之外，其余课程均由学生自己安排决定。

除此之外，因为五校联盟，也就是阿姆赫斯特、史密斯学院、Mount Holyoke、Hampshire 学院和麻省大学阿姆赫斯特校区的联盟，阿姆赫斯特学生在第一学期后每学期可以在别的学院选至多两门课，不需要另外付费。五校加起来有 6000 多门课程可供选择，另有免费小车接送学生往返五校。

而学术自由和学生自主权后面是强大的学术资源和顾问指导体系的支撑，学术指导都是由老师和教授提供，确保学生们的疑问能得到及时解答，学习方向可以得到专业的建议与指导。参观完这么多高校后，我越来越明确地体会到，学术自由和学术资源永远配套出现，也算某种"自由是有代价"的现实体现吧。

学校新开了天文、统计和经济类课程，当然这是我 2015 年访校的笔记，现在只能算旧闻了。

阿姆赫斯特的学生确实有很强的求知欲，80% 的学生在毕业后 5 年内会继续上研究生院深造。这拨人中有 20% 是一毕业就直接展开研究生学习的。不难理解为何他们其中许多人最终成为各个领域的专家或权威人士。

经济资助

我还清楚地记得第一次听到阿姆赫斯特在经济资助方面对国际和国内学生一视同仁时，我自己内心的激动。那时刚走访过一系列大学，当谈到对国际学生的经济资助（非奖学金）时，总是简单干脆的 No。阿姆赫斯特的一揽子经济资助是真正意义的资助，全是资助或馈赠，没有借款。现在学院每年向 60% 的学生提供近 5000 万美元的奖学金和助学金，平均每年每个学生获得的资助超过 4.7 万美元。尤其让我动心的是国际学生的平均资助比总的按人头的平均数还要多出来将近 1 万多美元，超过 5.5 万美元。阿姆赫斯特在提供经济资助时，确保没有借款，不留下任何资金缺口，而且资助延续整个大学 4 年，覆盖上大学所需的所有花费，而不仅仅是学费。

这种经济资助的做法是它教育理念的体现，也是阿姆赫斯特拥有一个真正多元化校园社区的保证，无论学生们来自世界或美国的哪个角落、社会的哪个阶层，他们可以聚到一起，以最自然的方式学会如何多元化共处与沟通，学会运用多元化的视角及全球化的视野来考虑问题。

校园与学生生活

阿姆赫斯特校园 964 英亩，在一个山坡上。走在校园里，高低起伏。参观那天，还没开学，校园里很安静，有大片的草地与树林，让人总是很喜欢，还拥有开阔视野的观景点。校园里有自己的植物温室、自己的自然博物馆，里面陈列的巨型猛犸象骨架是考古学老师带着学生亲手挖掘出来的，四周的柜子里分门别类陈放着大小不一的化石。阿姆赫斯特的校园紧邻阿姆赫斯特小镇，蛮有活力的一个美丽小镇，餐馆质量不错。阿姆赫斯特学生的宿舍散布在小镇各处，和小镇生活紧密相连。阿姆赫斯特的大部分学生（95%以上）四年都住在校园里。2015年访问时，正在建设4个新宿舍楼，相信现在已经建好入住了。我们的小导游还分享了她自己的故事，她们曾经用 lip singing（唇唱）比赛确定排序来优先选宿舍。

阿姆赫斯特不到 1700 名学生都是本科生，其中 40% 是有色人种，10% 是国际学生，来自 60 个不同国家，包括几十个中国学生，也许现在更多些了，大部分是拿一年 6 万多美元的奖学金在读。和它的经济资助战略直接相关，学生人群中虽然有一些"old money"，也就是出身优越、家族传统就是世世代代就读阿姆赫斯特学院的，但更多的还是来自普通家庭拿奖学金读书的孩子，真正的多元化。

申　请

作为一所文理学院，他们的录取永远注重 Fit（合适）。清楚地知道自己为什么喜欢阿姆赫斯特，这一点对于申请阿姆赫斯特至关重要。

它的 ED 申请截止日期是 11 月 15 日，比很多学校的 ED 截止日期多两周。他们努力在 ED 阶段录取不超过 35% 的学生，因为他们发现 RD（常规录取）阶段的申请学生人群不太一样，低收入家庭的孩子更多地集中在 RD 阶段。

　　在审阅申请人材料时，招生老师会考量学生的背景、家庭，以便了解他们思考问题的角度与方式，他们也有兴趣了解申请人在课堂和学术之外的爱好。一般每个申请人的材料会有两名招生人员审阅，如果需要第三方意见，也可能有三名读者，然后会对有些申请人展开辩论，一般申请材料的审阅是按地区来进行的。

　　阿姆赫斯特的校长曾指出，他们喜欢具有良好的学术潜能、出色的心理素质和个人性格的学生。这样的学生才能在当今不断变化的学术和社会环境下努力，充分利用学校为他们提供的资源和支持，在开放的体系下拥抱学术自由，并能和不同种族、文化背景的同学互相交流、学习与成长。学校希望学生真正享受运用学校提供的资源，同时成为这份资源重要的一部分。

　　初见阿姆赫斯特，我惊为天人，一见钟情。第二天参观威廉姆斯，我又变了心，爱上了威廉姆斯。当然我仍爱着阿姆赫斯特，不怪我三心二意，而是两所大学真的都好啊。事实上，历史地看，两所大学本是一脉相承。我在威廉姆斯听到一个笑话：当年（1821 年），一拨威廉姆斯的老师学生决定离开乡下到波士顿城里去重新设立一所文理学院，但走到半路，在威廉姆斯到波士顿的半路上成立了阿姆赫斯特学院。从威廉姆斯的角度，他们才是正宗，才是源头，当然阿姆赫斯特会认为，他们所做的是弃旧创新，才是未来，才是方向。

　　作为一位教育工作者、一位母亲，我并不真的关心谁比谁更好，两所学院都是我心中理想大学的典范，如果我的学生或儿子去其中任何一所，那就让先老师喝碗蜜酒吧。

强大的职场发射平台 *

本特利大学

2017 年 9 月到波士顿参加 NACAC[①]全球大会，专门注册了会前校园参观。其中一所是本特利大学（Bentley University）。因为本特利是一所以商科为主的大学，不算纯粹的综合大学，它并不在美国新闻全国综合大学的排名中，国内知道的人相对少些。美国新闻把 Bentley 这类本科课程较完整、有一些硕士项目、博士项目较少的大学划为区域性大学，并将全美分为北部、南部、西部、中西部四大区域。Bentley 在北部区域性大学中位列第二。

---

* Shirley 访校于 2017 年 9 月，2017 年 11 月 5 日记于明州。

① NACAC（National Association for College Admission Counselling）美国全国升学指导协会，成立于 1937 年，美国教育界最权威的机构。会员覆盖几乎所有的非营利大学，包括所有的藤校如哈佛大学和其他众多的公立和私立大学，大学录取人员，以及美国高中的升学顾问和提供申本服务的美国独立教育顾问。NACAC 还拥有 23 个区域性机构。我是 NACAC 成员和明州的 MACAC 区域机构成员。

特　点

Bentley 招生人员自称对于大学分类来讲，Bentley"自成一派"（has its own category）。就性质来讲，确实是一所商业大学。事实上，Bentley 是波士顿地区顶尖的商科名校，在新英格兰和全美都享有极高声誉。在最新的 College Factual（一家科技教育公司）专业排名中，Bentley 在商管领域高居全美榜首，并获得会计专业第 1 位和金融专业第 2 位的排名。2016 年 Bloomberg（布隆伯格）美国商学院排名中位列全美第 10。

所有的学生都会修习商业基础课程，比如管理、会计、市场营销等。同时所有的学生也会修习通识教育的课程，比如公众演讲、写作、沟通传媒等。

学生们在大二选择专业时，90% 的学生会选择一个与商业相关的专业。学校不允许修习商科双学位，但可以选择一个商科和一个非商科的双学位，或者选择一个商科专业和一个非商科副专业，如创业、体育管理、全球研究，等等。比如有个美国孩子选择了金融专业同时修习全球研究副专业，致力于中国研究，计划将来到中国工作，也有学生选择商科同时兼修时尚营销。

Bentley 设有学士学位、硕士学位和博士学位。其中商业分析硕士（MSBA）是最具特色的项目，结合了金融、商业和数据等多领域知识，有很强的竞争力。商业分析是我职场多年的重心，我有没有可能有一天去 Bentley 教书呢？心得体会我可是大大的有。梦想还是要有的，万一实现了呢？Bentley MBA 也具有自己的特色，学生可以选择双学位的学习。

快乐的校园

另一个有意思的切身感受是，Bentley 是一个快乐的校园。除了碰见的老师学生，包括在食堂碰见的工作人员，都开开心心地和我们打招呼。那种开心，能看出来是由内及外的。我们参观的同行也不禁啧啧赞叹。我想对于学生来讲，来的都是双向选择后适合的学生，对于 FIT 的学生，可以想象未来会如鱼得水，超开心的。参观完那天发朋友圈，特意提到了"快乐"这个角度，我的同行马上评论道"说对了，这是一所超级快乐的学校，学生幸福指数好高"。

设施与资源

Bentley 的学生拥有一流的设施和资源，7 个高科技配置的学习实验室，比如名声在外的股票交易室实时提供市场数据（见图 1）。我们的学生导游一再提醒，如果我们的学生来 Bentley，一定记得要和 Sandbox（沙坑）的老师同学搞好关系，因为他们拥有最先进最酷的玩意儿，无论是最新的无人飞行器还是机器人。Sandbox 是电脑信息工程系以社区化理念为基础设计的学习中心。

图1 本特利大学的股票交易室

相对于其他综合类大学，Bentley学生群体算小的，只有4000多名本科学生，所有的课程都是由教授直接上课。每个学生都拥有多层次的支持体系，比如高年级学生导师（student advisor）、教授导师（faculty advisor），等等。

同时Bentley的学生在考虑海外学习项目时，拥有四个不同的时长选择：①他们可以到伦敦经济学院修习1年；②可以选择整个学期的海外项目；③3周长的项目，由Bentley教授带队指导；④1周长的项目，由Bentley教授带队指导。

根据商业周刊评比，Bentley的学生维持率（retention rate）居全美第二，我想这和它为学生提供的资源与服务有直接关系。

求职服务

Bentley 大学的求职服务应该是它的一个明显优势。走在校园里，能够感受到 Bentley 和雇主及各大企业之间良好的合作关系。我们参观那天（9 月 12 日）上午，才刚刚开学不久，看见草坪上正在搭建白色的大帐篷，一问之下，是四大会计师事务所（简称"四大"）之一的 EY（安永）在准备校园活动，真的算很早的。四大和 Bentley 好像有很强的纽带，和 Bentley 的合作在校园里随处可见，图书馆里有四大命名的学习室，外面有四大命名的咖啡馆，四大在校园里组织各种活动。不仅是四大，其他雇主也都积极地在校园里提供有实用价值的赞助。同时 Bentley 校友非常热心地帮助师弟师妹们找工作。甚至有公司有工作机会时先发给 Bentley 学生，再面向市场招人。

普林斯顿评论（Princeton Review）提到：2017 年（2016~2017）Bentley 在求职服务方面位列第一，最新一轮（2017~2018）好像是第二，但多年以来 Bentley 一直位列前五。求职服务团队采纳 4E 的方式帮助学生求职：Explore（探索）、Experiment（尝试）、Experience（体验）、Excel（擅长）。而服务是一入学就展开的，第一步就是帮助学生认清自己的优势和弱点，入学伊始就帮助学生了解自身最重要的 5 个特质。

"Students not only get jobs, they get great jobs."（学生

们不仅仅找到工作，他们还找到非常好的工作）。2016 年的毕业班，99% 的毕业生毕业季或找到专业对口工作（88%），或继续读研深造（11%），真的是非常难得的成就。而孩子们找的工作，真的是能为他们未来职场发展奠定很好出发点的工作。孩子们的本科毕业平均起薪是 5.5 万美元，作为非工程、非电脑专业的毕业生，尤为难得。我尤感欣慰的是，负责国际招生的 Karen 告诉我，国际学生的起薪还要高出平均值将近 1 万美元 / 年。在和他们的交谈中，好像国际学生在就业中碰到的身份挑战没有那么突出。

我想其中一个原因是实习，90% 的 Bentley 学生在毕业时已经做过至少一次实习，78% 已经做过两次实习。2017 年普林斯顿评论中 Bentley 大学在为学生提供实习机会方面位列第一。实习带来的是实战学习以及学生和雇主间彼此更深入的了解。真正进入职场前，实习是一个学生最有效的方式来了解自己对一个行业、一种工作或一个公司的真实感受。有个学生举例说到自己，他实习过两次，一次是大二结束的暑假，一次是大三结束的暑假。他非常不喜欢他的第一个实习，但热爱他的第二个实习。作为一名实习生，他每天负责公司的脸书（Facebook）推广项目，全权负责一天 1 万美元的营销预算。通过这个实习，他找到了自己的热情所在和未来的职业方向——社交媒体广告与营销。我知道国内很多实习机会不论公司名头有多响，孩子们的实习内容流于打酱油性质。在美国总的来讲不太一样，尤其是如果拿到正规公司的正规实习项目，不仅可以有很好的收入，同时绝对有机会直接上手做实事，甚至负责一个项目，同时会有安排好的和管理团队打交道的机会。我还记得我自己在美国运通（American Express）实习完，公司专门设立了一个分析师职位，来继续进行我在暑期开始的一个分析项目。

校园及传统

Bentley 的校园位于 Waltham，距波士顿市中心 9 英里，开车不到半小时。学校有班车开往哈佛广场，大致 15 分钟，从哈佛广场可以坐地铁进城，不用再换乘了。2017 年是 Bentley 大学建校 100 周年。100 年来，学校也形成了很多传统，比如 Spring Day，比如月光下的早餐。如今学生来自近 80 个国家、40 多个州，学校也拥有越来越更多元化的传统。2017 年入学的新生 18% 是国际学生，算一个新的里程碑。

校园里除了投资俱乐部，还有 5 个舞蹈社、清唱小组、爵士乐队以及一系列体育运动队，但只有冰球是 D1（第一级别运动竞赛）。总的来说，Bentley 不是一个体育大校。如果你希望进入一个体育大校，选择需慎重。

录　取

访问时，招生团队的人分享了他们希望招什么样的学生：他们喜欢积极参与的学生、有领导力的学生、对商科感兴趣的学生，也喜欢学生对 Bentley 展示兴趣，喜欢有强烈求知欲的学生、有目标肯努力的学生。另外 Bentley 的课程比较偏重数学，所以希望学生在高中期间最好已经涉及微积分的学习。

Bentley 有提前录取（ED），但只有 10% 多一点的学生是通过提前录取进来的，常规录取（RD）入学的还是大头。申请 Bentley 的学生通常也申请 Babson College（巴布森学院）、波士顿大学、东北大学、纽约大学、印第安纳大学布鲁明顿的商科等。和很多大学不一样，Bentley 鼓励升学顾问主动联系招生人员寻求个人层面的沟通交流。

亲身体验

我和 Bentley 的渊源来自我的学生。我有一个学生从小热爱投资、股票、经商，最初可能是受家庭影响，但我和他认识时，已经是他发自内心的爱好了，因此我们很快决定了专业。但在是否 ED Bentley 的问题上，我自己来回犹豫了很久。因为 ED 意味着录取了就一定要去。所以要确定 ED 的大学去了一定不后悔。这个孩子很难得，他中学期间就已经自己开始交易股票，做过两次公司实习，不仅有明确的方向，而且非常愿意为之努力。尽管家境很好，父母给了他很好的教养，而且他还懂得自律、有目标，并肯为目标全力争取。他的在校成绩和标考成绩并不突出，但目标相对明确、专注、有韧性。我们很快把目标锁定在三所大学：巴布森学院、Indiana

University 的 Kelly 商学院，还有就是 Bentley。我们很快地排除了巴布森，一是考虑到他最终目的不是找一份工作，而是要帮助运营家里的企业，那么希望大学期间还是要学习一些专业性的知识和技能，而巴布森最优势的是创业。在和他父亲反复交流中，我们都认为学习创业，大学未必是唯一的或最好的选择。二是我在参观欧林工程学院时（我最喜欢的工程学院之一），因为欧林和卫斯理女校和巴布森是联盟学院，三校的学生有时同时修课并一起做项目，我们的学生导游随口提到她对卫斯理女校学生的喜爱，非常实干努力，以及对巴布森小伙伴的不满，说得很多但做得远远不够，这和我们希望这个学生学习并掌握商业相关的一些知识和技能的出发点不太相符。但在是否 ED Bentley 上，我仍然来回琢磨，犹豫不决。一个很重要的原因，印第安纳大学虽然整体一般，但它的 Kelly 商学院非常不错。如果 ED 录了 Bentley，而失去去 Kelly 商学院的机会，会不会后悔。

除了和学生以及他的家庭仔细商量，我又专门咨询了一个资深的美国独立教育顾问同行，也是我们独立教育顾问协会的创始人之一。我告诉他我的两点思考：一是尽管我通过各方调研，认为 Bentley 是一个非常适合我学生的学校，但我希望从他——一个在美国生长、在美国社会浸淫多年、又了解教育行业的人的角度来看 Bentley，是不是一个好的大学学习商科的选择；二是根据他的经验和我学生的 profile，和他讨论 ED 相对于 RD 在录取几率上的差别。

他告诉我，Bentley 是一个非常好的商业大学，他以前有过学生第一轮奔宾大，把 Bentley 作为候选（backup），更重要的是，他的朋友的孩子去了 Bentley，不仅非常喜欢，毕业后发展得也特别好。针对我学生的特定需求，他认为 Bentley 能够为他提供很好的资源，帮助他达成大学目标。我们又一起讨论了我的学生的申请材料，最后认为 RD 没有胜算，ED 是最好的机会。同时印第安纳大学直录商学院的概率也有很多不确定性。最后一致决定 ED Bentley 是我能给他的最好建议。学生 ED Bentley 成功，因为他尚在新加坡服兵役，又和他一起和学校沟通，把入学时间推迟到下一年年初。这次我到校访问，拼命地拍照，第一时间分享给他。最重要的，和学校师生接触，走在校园里，考察到学校的资源和重心，忍不住告诉他：来对地方了。唯一的一点，准备好适应冬天吧，他所在的地方只有夏天。

／ "面试" 美国大学

终生学习 *
布兰迪斯大学

　　2016 春去波士顿参加 IECA [①] 年度大会，会前有一天我参加了大会组织的 Fenway 一系列小型学院的参观，同一天多名明州同行去参观了布兰迪斯（Brandeis University），回来后齐声向我推荐，尤其提到学校对多元化建设的重视和其包容文化在学生中的深入让他们印象深刻。眼见为实，2017 年 9 月我去波士顿参加 NACAC 全国大会，专门报名参团前往实地考察。因为布兰迪斯的犹太起源，很多人提到布兰迪斯，总担心会不会学校犹太氛围过足，而使得非犹太人融入困难，基于我自己的参观体验和同行们的反馈，并非如

---

* Shirley 访校于 2017 年 9 月，2018 年 2 月记于寒冷的明州。

① IECA（Independent Educational Consultants Association）美国独立教育顾问协会，成立于 1976 年，现有近 1800 名成员，来自世界上 30 个国家和美国的 50 个州，是美国最大和最受尊重的独立教育顾问协会。顾问服务覆盖申高申本申研，申本为主。对于入会资质有行业内最严格的审查，比如访校数量及专业资质等，并对会员的职业操守有要求，为会员的专业水准的提升提高大量的培训机会。会员分学生会员、初级会员和专业会员。作者现在是 IECA 专业会员，作者所在的明州现有 18 名专业会员。

此，布兰迪斯提供了一个高度包容、方便融入的校园环境。

历史背景

布兰迪斯是一所中型大学，学生人数几千人而不是几万人。它是 20 世纪早期美国成立的一系列顶尖大学之一，比如 1900 建立的卡内基梅隆大学、1912 年建立的南部的莱斯大学以及 1919 年建立的加州大学洛杉矶分校。

Brandeis 建于 1948 年，相对于波士顿一带其他高校，历史相对短些，建校到今年才 70 年，但已享有很高的声誉，被称为"全美最年轻的主要研究大学"，也有人叫它"犹太哈佛"，位列波士顿五大名校之一，其他四所是哈佛、麻省理工、塔夫茨和波士顿学院（不是波士顿大学）。之所以能有今天的声誉，和 Brandeis 不断追求进步分不开。这几年 Brandeis 在美国新闻一直位列综合大学的前 35。

它最初的创立的确是由犹太教教主发起，并由犹太人集资创立，以美国最高法院犹太裔大法官布兰迪斯的名字命名，希望发扬其严谨的治学态度和传统的文化与价值期许。虽然是犹太人创建，但学校本身是无宗派大学，执行的是无宗教色彩的公平教学，并以欢迎世界各国各族裔的国际生入学而闻名。正如一名学生所言："布兰迪斯是一个开放、包容的地方，任何人在这里都会过得自在。"

我们到校后先与招生人员一起早餐，我们一边吃，校方一边向我们介绍 Brandeis。招生人员花了不少时间向我们介绍了学校的创立与历史，从一个角度展示了它创立的初衷对如今教育理念的巨大影响。

它最初创立的推动人和他们的一些主张如下。

- 罗斯福夫人：致力于追求社会公正
- 爱因斯坦：推动通识教育
- Leonard Bernstein：促进艺术教育
- 布兰迪斯：追求社会公正与平等

学校一度试图命名为爱因斯坦大学，但爱因斯坦最后因为一些意见不同而离开。在爱因斯坦看来，"要成为一个受过教育的人，必须教育整个人"。他正是布兰迪斯大学注重通识教育背后的重要推手。虽然 Brandeis 是综合大学，但一是因为学生总数比一般综合大学少些，不到 6000 人，二是对通识教育的重视，所以又有着文理学院的风范。

布兰迪斯本人是大法官，哈佛毕业，被称作"人民的律师"，是隐私权保护和平等进步方面的先行者。仅仅因为他是犹太人，一度只要他出现，其他的法官就会拒绝待在同一房间内。所以在当时，很少有所有法官一起的合影。这在如今看来匪夷所思，却是当年的现实。

正是这些建校的先驱者们确定了布兰迪斯大学建校原则：平等、多元和社会正义。

布兰迪斯的校友里有多名普利策奖获得者，还出过芝加哥大学的校长，当然对我来说，更关注的可能是《老友记》（Friends）的编剧毕业于此。

学　术

Brandeis 非常注重本科教育，学校的学术氛围浓烈，其本科教育在波士顿地区享有盛名。

早餐会上，招生人员做介绍时说到："平均来讲，美国成年人一生会从事 5 ~ 6 种不同的职业。当他们上大学时，将来从事的职业也许还不存在——这是一个简单的事实。教育不是只为了一个职业、一份工作、一种技能。"可能正因为出于这样考虑问题与思考教育的角度，Brandeis 大学在注重学术的同时，给予学生很大的学术自由度，Brandeis 的教程很灵活，也鼓励学生运用跨学科思维来进行学习，鼓励学生们在未来方向上多做探索，了解自己内心的热情所在，把"Life long learning（终生学习）"作为教育的根本。他们学生中超过一半的人（54%）会选择学习双专业，甚至有不少三学位的。我在现有学生的评论中看到一句，让人感触颇深"Brandeis doesn't mold you. It gives you the materials to mold yourself."（布兰迪斯并不塑造你，它为你提供材料，让你来塑造自己），这句话深合我心。

　　Brandeis 同时又关注学生的实践能力，课程既讲求质量又重视应用性。有两个数据很说明问题，一是 Brandeis 的学生大学期间平均有过 3 次实习，二是毕业生的就业率在 97%，让人印象深刻。

　　Brandeis 学生和教授的比例是 10∶1，以小班授课闻名，有 361 名全职教授，相对来讲，学生很容易接触到老师、寻求帮助或建立良好的师生关系。很多教授会对学生敞开家门。这在一些大型综合大学里会很少见。

　　学校的经费和校友捐赠充足，自由的学术氛围和充足的资源往往是好教育非常重要的基础，布兰迪斯每年平均给每个学生的投入有将近 3 万美元，也难怪布兰迪斯"年纪轻轻"已经成果斐然。

　　除了本科，布兰迪斯商学院的 MAIEF（Master of Arts in International Economics and Finance，国际经济和金融硕士）被《金融时报》列为全美第一。布兰迪斯的理科，比如生物、化学和商科尤为出色。同时因为它对学生实际动手能力的注重、课程的高质量和实用性让它的毕业生很受雇主的欢迎。

学生人群

　　Brandeis 学生中只有 20% 来自麻省，学生来自 48 个州，加州是生源最多的 5 个州之一。因为它的犹太根基与传统，对犹太学生更有吸引力，有50%的学生来自美国各州和世界各地的不同背景的犹太家庭。布兰迪斯的学生有70%来自公立高中，20%来自私立，只有6%来自犹太中学。

布兰迪斯大学追求多元化，如今有近21%的学生是国际学生，来自93个国家。不同于美国很多高校助学金只提供给美国本土学生或绿卡持有人，无论是奖学金还是助学金，布兰迪斯大学都对国际学生开放，相当难得。这和学校丰厚的校友捐赠和校方对国际生源和校园多元化的重视直接相关。

布兰迪斯很注重社区建设。有80%的学生整个四年都住在校园里，这种状态有助于建立关系紧密的社区。布兰迪斯的学生俱乐部不能对任何想要参与的学生说不。也有不少体育运动供选择，体育场馆也备受称颂。除了学习和体育，布兰迪斯经常组织学术辩论和演讲活动，校园戏剧团体活跃，校园艺术氛围浓厚。

录　取

因为这次校园参观是 NACAC 组织的，学校和学校招生人员本身就是 NACAC 成员，访问做了细心安排，早餐是与整个招生部门在一起，他们一一介绍了他们的人员并每桌都有一两名招生人员在座回答问题，所以谈到了更多关于录取的情况并回复了大家的问题。

大家一个共同的问题：什么样的学生适合布兰迪斯？

• 布兰迪斯大学适合那些专业方向还未确定、喜爱跨学科、多面性学习的学生。

• 适合那些对所有可能性敞开胸怀的学生。

• 适合那些渴望学习的学生。

申请状态

• 上个申请季一共有 12000 人申请布兰迪斯。

• 布兰迪斯注重学生高中对课程的选择。

• 标考是可选项，已经进行四五年了，如今有 10% 的学生没有提供标考成绩。

• 有 ED1 和 ED2 的选择（11 月 1 日和 1 月 1 日申请，12 月 15 日和 2 月 1 日出相应的录取结果）。

• 有将近 1/3 的学生通过 ED 录取。

在审阅申请材料时，布兰迪斯寻求学生的以下特质。

• 领导力。

• 高中课程的严谨和挑战（不会重新计算 GPA）。

• 展示出来的兴趣。

另外布兰迪斯相对看重面试（在校园由学生进行的面试），会对国际学生进行 SKYPE 面试，高端奖学金的候选人也会被邀请进行面试。

布兰迪斯每年也招收相当数量的转学生。比如，如果你上 Fairfield 大学，转学进入布兰德斯的机会还是很大的。

布兰迪斯的校训是"Emet"（希伯来语的"真理"）。记得参观完当天我发朋友圈，还和朋友说道：不一定适合所有学生，但合适的学生会非常享受……尤其适合求知欲（求真理）强但方向不明确的学生。我的看法至今没有改变。

美国最快乐的学生 *
布朗大学

布朗大学（Brown University），藤校之一，但还不是人们言必称"哈耶普"的一员。曾经有个学生最心仪它。它拥有"美国最快乐的学生"的名声让我印象深刻。记得当年和美国朋友 Robin（她是犹太人，宾大校友）讨论，她的第一反应竟是"布朗很自由哦，我们都觉得非常自由哦，你的学生确定要去那儿？"说的时候在自由一词上格外重音，意味深长的，弄得我好奇心大盛。

最近去纽约公干，就决定顺便跑一趟罗德岛，一来参观罗德岛设计学院，我给自己"规定"了今年参观 RISD，二来看看布朗大学，以解好奇心。两校紧密相连，可以一天搞定。4 月 11 日办完事，连夜驱车 3 小时，晚上 10 点到达罗德岛首府 Providence。

早起步行穿过市中心去布朗，天气晴好，空气中满是春天的气息，一路粉粉白白初绽的花。到达校园参观集结地点，吓了我一大

---

* Shirley 于 2017 年 4 月访校并记于明州。

跳。乌泱乌泱一大群人已经等在那里，过去这两年多，我实地走访了近 60 所大学，这是参观人数最多的一次。人群中各色人等都有，有不少亚洲面孔。后来才知道我们只是第一波，等我们参观结束，更大的一群人已经集结好。也许因为是春天吧，也可能因为正逢美国高中放春假，多数是全家出动。

我们这拨一共有六个学生导游，他们站在高高的台阶上轮番自我介绍，每个人的背景与专业都不同，有第一代大学生，有国际学生，有一眼看上去就知道来自富裕"精英"家庭的，男女俱全，社团的参与也百花齐放。好几个学生进布朗时完全不清楚自己将来到底想干什么，什么课都想试试；也有入学时有明确专业方向和计划但在校期间完全改变的；也有目标始终清晰不变的，这类人少。听出来经济学和环境研究专业很受欢迎。

人群分开来，跟随不同的导游，我没犹豫地选择了跟着来自印度孟买的小哥走。小哥个子小小的，细看颜值不错，当然开口说话之妙趣横生是决定性因素。我们跟着他到一棵大树下站定，他开心地祝贺我们做了明智的选择，因为他就是最好的导游。我们一路走去，移步换景，他笑话、故事、典故信手拈来，让我们欢声笑语不断。

作为藤校之一，布朗历史悠久，建于 1763 年，很难想象，最初的布朗只有 University Hall 一栋建筑，而且当年建成还引起了公愤，当地民众一致认为简直太奢靡了。如今看来，让人啼笑皆非。不过布朗最初只有 7 名学生，民众强烈反应也可以理解，哈哈。

／"面试"美国大学

图 1　布朗大学最初的建筑 University Hall

　　一直以来知道布朗最让人向往的原因之一是它赋予学生高度的自由和灵活度，其中标志性的一点就是它的 Open Curriculum（开放式教程）。和很多其他私立大学，包括其他藤校不同，布朗没有学生一定要修习的一系列课程无论 Core Curriculum（核心课程）还是 Distribution Requirement，学生是自己大学时光的终极设计者。学生在大二下学期结束前才宣布自己的专业方向，所以有比别的学校的学生更多的机会尝试、体验、选择。同时自由与灵活度，往往是和责任紧紧联系在一起的。潜台词是：学生们自己必须采取主动为自己负责。学生们很忙，但因为路完全是自己选的，是自己热爱的，我们碰到的每个学生都兴致高昂。

同时当布朗学生选课时，他们有机会选择是打分制（For a Grade），还是选择满意、无学分（Satisfactory/No Credit, S/NC），不计分。在介绍会上，我们有问到这个问题，介绍的大四学生 Max 说一般与专业关系近的课程，他们都会选择记分，但当他们想冒点险，做点尝试时，就会选择 S/NC，同时有 23% 左右的学生修习双学位。

我们的小导游在申请时打算学生物，走医学院预科的道路，后来发现完全不是，如今修习双专业：应用数学和戏剧。来布朗前，他从未接触过戏剧，如今已成为他绝对的热情所在。

我在布朗的网站上看到以下关于开放式教程的文字，深以为然，分享在此。

"Brown's Open Curriculum is based on three principles. The first is that students ought to take an active role in their education by assuming responsibility for the direction of their learning. Secondly, an undergraduate education is seen as a process of individual and intellectual development, rather than simply a way to transmit a set body of information. Finally, the curriculum should encourage individuality, experimentation, and the integration and synthesis of different disciplines." [①]

[①]　资料来源：布朗官方网站，https：//www.brown.edu/admission/undergraduate/what-open-curriculum。

Shirley 译文："布朗的开放教程建立在三个基本原则上。第一，学生通过担当起决定自己学习方向的责任，在自己所受的教育中扮演一个更积极的角色。第二，本科教育被看作是一个个体和认知成长的过程，而不仅仅是一种用来传递一套设置好的信息的途径。最后，教程必须鼓励个性、实验和跨学科融合与综合。"

在很多人心中，包括我自己的印象中，布朗文科方面很强，这次参观发现，布朗的工程类学科也很有实力。学生们甚至会制造卫星，由美国国家航空航天局（NASA）发射。学生们还自制 F1 赛车。我打算在这方面再深挖一下。至于本科的应用数学专业，一般在研究生学习里才见到，尤其难得。

在布朗的自由空气中，学生们好像都广泛地参与各种活动与团体。孟买小哥尤其强调他们超级繁盛的清唱文化，清唱小组类型就有 N 种，用他的说法：你能想到的，他们就有。校园戏剧活动也高质多产。社团给学生们提供一个更广泛的平台来探寻、发展与自我成长，并建立深厚的友谊。

在布朗，学生们很努力，而且更多的是合作，而不是激烈竞争。校园的氛围带点哲学、理想主义的意味。

除了校园参观，也参与了招生官和学生一起组织的信息介绍会，如果时间充裕，还可以旁听课程。只提一点，针对国际学生，布朗是 Need Aware 的大学，但招生官同时强调，他们有针对国际学生经济资助的资金，而且他们想把这些资金用出去。其实这点并不特殊，真正最高端的美国大学，如果认定你是人才而录取你，不会让你因为经济原因而上不了学。让自己足够优秀永远是最可靠的保障与最好的解决方案。

布朗还提供以下这些特殊的项目。

BROWN/RISD 项目（布朗／罗德岛设计学院双学位项目）：尽管布朗本身的录取率就超低，但这个项目的录取率更低。学生必须先被布朗和罗德岛设计学院分别录取，再由项目委员会考量这个特定项目的录取或拒绝。2017 年入学的这个项目，有 561 人申请，21 人录取，录取率为 3.7%。至于国际学生录取率多少，没有现成数据，估计应该不高。

PLME 项目：8 年本科医学院直读，不是那种加速压缩型的项目。可以拥有完整的大学时光，同时保证本科毕业后进入医学院学习（GPA 有要求）。这个项目 2017 学年有 2447 人申请，录了 90 人，录取率稍低于 3.7%。

布朗的校园开阔、经典、美丽、有起伏、有分割，有大片的绿地、成熟的树木，还有满枝的春花。建筑风格各异，传统为主。工程系纸盒子型的大楼连续 6 年被学生们评为最丑陋的建筑，一眼望过去，确实是实用为主的建筑，算是布朗校园建筑的异类。同时校园里还藏着最古老的幸存的巨型 Hutchings-Votey（管风琴），每年都有专门的演出。凝望管风琴的时候，我有一种时空穿越的恍惚感。

　　清晨我们的参观开始时，校园的草坪上还没有什么学生。等到我的校园访问结束时，已经近午，教学楼的廊前、校园的雕塑上、草坪上、大树下，横七竖八地坐着、躺着各色学生，一个个悠然自得、开开心心。上次在校园里感受到这样切切实实的自如放松与开心，是在威廉姆斯学院，这是第二次。你要问我为什么喜欢布朗，我也说不出具体的一二三，只是不来不知道，来了后，布朗在我心中已经跃居第二位了。可能我喜欢这种既可以从容挖掘自己，又可以努力求知，热烈追求梦想，同时开开心心，自自然然，享受大学时光的去处吧。那种自在、喜悦、投入的感受，清晰又真实。

我们是一样的人[*]
加州理工学院

关于加州理工学院（California Institute of Technology），从小到大，读过一些零碎的文章，讲的是它的学生如何 geeky，如何古怪又天才。但有了 MIT 的经验，我知道必须亲眼看过才作数。去 MIT 前，以为那是一个特别拘谨的地方，学生可能是天才但同时可能很无趣。实地了解后才知道，它的学生相当有趣，只是他们定义里的"FUN（乐趣）"和一般孩子们可能不太一样，他们的脑洞显然开得更大。世界因他们这些孩子而更有趣。而加州理工和 MIT 正是一东一西的"独孤求败"的对手。

参观加州理工是由 HECA[①]大会安排的。参观校园之前，学校的招生总监和副总监先来和我们见面并回答问题。一聊之下发现每个人背后都是有趣的历史，越来越相信看人不能"一刀切"，也就是

---

[*] Shirley 于 2017 年 6 月访校并成文。

[①] HECA(Higher Education Consultants Association，美国高等教育顾问协会)，成立于 1991 年，相对于 IECA，HECA 成员专注于申本服务。

不能模式化，每个人都值得分别去了解。本科招生的副总监 Nikki 来自夏威夷，亲手做了甜甜圈招待我们。她先在东岸工作，她开玩笑，自己正一路向西，朝着家乡的方向前进。招生总监 Jerrid 就更有意思，他自己就是家里的第一代大学生，父亲是农夫，母亲是在印第安保留地上长大，父母在高中时相识并在高中时生了他。她自己本科去了康奈尔，毕业留校参与招生工作，后来又陆续去了达特茅斯、斯坦福等校招生。之后又去圣母大学读了一个硕士学位。她致力于在加州理工营造一个更包容的多样化环境。在位 7 年来，她很自豪的成就是加州理工的女生占比已从不到 20% 提升到 45%。

加州理工招什么样的学生

加州理工学生群体并不大，有 1000 名左右的本科生，一般本科（大一）招生目标是 235 名学生，2017 年稍多，招了 237 人。在顾问和招生人员的问答中，很自然的，大家关心加州理工感兴趣招什么样的学生。Jerrid 尽量给了我们客观的回答。

- 一句话总结：他们是学术卓越的学生，尤其是在数学和科学领域，考试成绩要好，同时也有人文亮点，尤其是沟通方面。
- 他们对数学和科学有热情。他们的热情需要展示出来：比如说，是学校机器人小组背后的科学脑袋。

- 他们必须做好准备，迎接在加州理工学习的严格要求。
- 他们必须超常的优秀——超越他们的同龄人，有如饥似渴的学习愿望。
- 他们很出色，热爱科学，也热爱回馈。
- 他们愿意与他人合作，愿意提供辅导，帮助他人学习科学。

　　我印象很深刻，有一个顾问问，有的孩子资源不好，比如数学成绩差些，加州理工会考虑吗？Jerrid 回答，加州理工曾经招过一些有特殊成长背景而成绩稍差的学生，但那些 SAT 数学只有 720 的学生来了加州理工后跟不上，他们不能招一些学生来，让他们失败。我忍不住跟旁边的顾问说到，数学是特例，有极佳数学思维的人，无论资源是什么状态，都会显露出来，不受环境影响。

加州理工的吸引力

出色的学术水平，尤其是理工科领域

　　加州理工很明显是一个理工为主的学院，总的专业选择不算多，大的方向有 26 个。但在理工领域类的一些专业，有较细致的划分与选择，比如生物，我自己是第一次看到发展生物科学与演变专业、计算和系统生物专业，还有电子工程下面细分的传播与信号处理专业等（我不是这方面专家，专业人士不要嘲笑我）。加州理

工在世界科技界声名在外，物理、化学、天体物理等方面都很强，2015~2016年全球大学学术排名（ARWU）物理学全球第5、化学全球第4，加州理工还协助美国航空航天局（NASA）负责管理著名的喷气推进实验室（JPL）。

研究机会

加州理工一上来就像对待研究生一样对待本科生，唯一的不同是本科生还是需要修习基本课程（Core Requirements）。相对于其他大学的本科生，加州理工的学生有更多、更早的机会直接参与最高端的研究项目。比如加州理工有名的SURF（暑期本科生研究奖学金项目），学生们直接参与从课题申请书的写作到最后研究成果展示的全过程。他们不仅仅能直接使用世界顶级的研究实验设施，还能够接受研究领域里世界最顶级的带头人的直接辅导和帮助。加州理工的简介上列出了一些基本数据，95%的学生计划书得以通过，80%的加州理工学生曾参与SURF项目，57%的大一学生参与SURF项目。学生能如此早加入项目的确难得。

社区与归属感

有一点对我而言是小小的意外，加州理工学生的社区归属感很强。很多孩子是因为来校参观，之后就决定来这儿学习了。这些孩子相对而言在科学领域是突出的，可能在自己的中学里有时会有一些"格格不入"的感受，而来到加州理工，就禁不住惊呼："Wow, they are people like me."（哇，他们是和我一样的人啊——潜台词：可找到组织了）。几乎每个我们聊过的学生决定来加州理工都是因为访校时爱上了这里的社交环境，我猜可能是因为他们终于找到同类了。不仅可以做喜欢做的事，还有人分享。招生人员在回答我们的问题时也提到，这些孩子很有趣，只是他们眼中"Fun"（有趣）的定义不太一样。Nikki告诉大家，有过一个学生，参观完校园后无比激动，而他激动的原因是学校建筑里，无论教学楼还是宿舍到处都有很多白板。Nikki笑道："我看不出来白板为啥有趣，但孩子们兴奋不已。"这些随时可以涂涂画画的白板可能方便孩子们随时抓住灵感、展开思考、解决问题吧。他们都热爱解谜、玩游戏，不仅仅是电子游戏，随时随地都能看到学生们积极参与。换一个角度，这些学生喜欢智力游戏，喜欢活动他们的脑神经。顾问中又有人问到种族之类的问题，得到的回答和别处不太一样，有点意思，加州理工的学生们更多地从科学角度思考，较少从种族的角度考虑问题。他们首先认同自己的身份是科学家。说实话，我蛮喜欢这样的回答或思维角度。

加州理工的加州学生占比较高，30%以上，本科国际学生占8%~10%的比例，算很高的了。但研究生就不得了，国际学生占40%。其实真正在顶尖的科技领域，什么国籍种族出身都不重要，谁有真知灼见谁来。如今川普提出保护美国人在科技工程类的领先地位，试图限制外国学生来美学习科技工程，当然现阶段还停留在口头说说的阶段，拭目以待。希望没人忘记美国究竟是靠什么强大起来的。

　　加州理工社区的另一个重要塑造者是它的 Honor Code（荣誉制度）。校训上有明确注明 "No member of the Caltech community shall take unfair advantage of any other member of the Caltech community"（不允许任何一个加州理工的成员相对于另一个成员拥有不公平的优势）。一个有信任的体系往往是一个高效的体系，但需要大家来维护。这个体系能带来种种好处：无需监考，可以带回家考试，家庭作业可以大家商量着一起做，24 小时 7 天随时使用的教室和实验室等等。同时在这样的环境里，对欺骗的容忍度可以轻易地想象到为 0。

　　正是因为加州理工有这么强烈的社区感，当其他大学的学生进入高年级后，会有很多学生搬离宿舍，而加州理工 85% 的学生选择 4 年都一直住在校园宿舍里，选择生活、学习、工作、社交都在这个紧密相连的社区里。

加州理工的人

　　我们只在加州理工待了半天，无论是招生办人员，还是我们碰到、聊过的学生导游，都让人感觉非常舒服有趣。开始校园游时，Nikki 向我们抱歉，说学生们蛮忙的，不知会不会有足够多的导游来，结果我们 40 多个顾问，一共来了 8 个导游，简直是私享的待遇啊。我和明州同事跟了来自威斯康星的 Sanmy，他在加州理工学天体物理，参与暑期星空研究项目（太酷了），参与 JPL 的工作，参与天体物理最前端的研究。他同时热爱足球，是学校清唱小组的成员，据午餐同桌的其他小导游告诉我，Sanmy 嗓子特别好。最让我们惊讶的是，Sanmy 是 Homeschooler，也就是没上过常规高中。他从小热爱天体物理，父母决定在家自己教育，这样更有利于他深入学习感兴趣的专业。我们都喜欢上了这个小哥。在他自己眼里，他并没有什么特别，很高兴在学自己喜欢的东西，做自己喜欢做的事。而午餐时坐在我旁边的小姑娘，是放弃了哥伦比亚大学学政治科学的机会，来加州理工学习政治科学，我们和其他所有人一样，有点惊讶，她也是访校时喜欢上这里的社区和人群而来的，决定学政治科学，最早是因为布什大选时重新计票事件，她试图从科学的角度来设计避免同样的事情再次发生。

和麻省理工较劲

加州理工的校园小巧精致而美丽，让我们一群人巨开心的是，树林中的乌龟池塘里真的游满了乌龟。加州的阳光下，不少小乌龟爬到石头上来晒太阳，一副幸福生活的样子。我们也走过一台大炮，小导游聊到加州理工和 MIT 之间长期、著名的对立以及由此而来的种种趣事。这轮大炮曾被 MIT 学生偷走，被拉着从西到东跨越整个美国到波士顿的 MIT 校园。加州理工的学生再从东向西，将它偷着运回。除了与东岸的麻省理工抢学生，当有人问到，申请加州理工的学生最多也申请其他哪些学校，他们强调了 Harvey Mudd（同在加州的哈维穆德学院）。虽然是对手，仿佛武侠小说里的绝世高手，是彼此心底互相欣赏的对手。谈到 Harvey Mudd，也很是欣赏。一般最终选择来加州理工的学生是看上了研究机会，可以很早参与到研究项目中。一般最终选择去哈维穆德的学生多多少少是对克莱芒五校联盟所提供的更多样性的学习机会感兴趣。

申　请

　　Jerrid 和 Nikki 还与我们分享了他们录取中的一些考量。

　　从 2017 年 8 月起，申请人就既可以从 Coalition 也可以从 Common App 申请加州理工了。对于他们来讲，申请人需要在申请材料中为他们描画出 STEM（科学、技术、工程、数学）的图像与特质来。如果写过研究论文，他们是愿意看到的，尤其希望读到你的研究导师的推荐信。所有的申请材料都是由加州理工招生人员来审阅的，他们不用外面的或临时的申请阅读人，因为他们采纳两人一组的方式来读申请，相对于以前，他们现在可以更深入地审阅申请材料。

关于经济资助

　　加州理工的资金来源主要不是学生的学费。对于国际学生，一旦录取，会与美国本地学生一样考虑其经济资助的需求。非常难得。

　　加州理工声称自己是 Need Sensitive（需求敏感）类大学，但据 Jerrid 讲，在实际操作中关于录取决定，他们很少考虑经济方面的情况。另外他提到，入学时的资助水平很重要，一年级后很少改动了。

高质量的本科教学 *

卡尔顿学院

　　因为国内缺乏真正意义的文理学院，学生们申请美国大学时很容易直接把文理学院忽略掉。但作为美国大学教育很重要的一个体系，不考虑文理学院直接缩小了选择空间。为了更有效地帮助我的学生，我意识到需要对文理学院有更深度的了解。生活中捷径其实不多，除了广泛的资讯调研，实地考察感受还是最有效的途径，同时也只有实地考察能提供感性的认识。我的一个学生一度在两个大学间痛苦纠结，但一旦实地考察后，很快就做出了决定。

　　继 4 月初考察洛杉矶附近的克莱芒（Claremont）文理学院的五校联盟（包括西海岸第一的文理学院 Pomona College 波莫纳学院，总排名第六），今天又冒雨驱车前往卡尔顿学院（Carleton College）实地考察。"踏破铁鞋无觅处，得来全不费功夫"，原来家门口就有一所位列美国文理学院前十、中西部第一的学院啊。我

---

*　Shirley 访校并记于 2015 年 5 月底。

有三个学生的兴趣所在，也正好是卡尔顿的强项。

背 景

卡尔顿始建于 1866 年，占地 955 英亩，比加州克莱芒的几所文理学院占地面积要大很多。从明州双城市区（明尼阿波利斯／圣保罗）开车向南大约 45 分钟。校园除了教学区、宿舍，还包括一个 800 英亩的植物园和校内 12 英里长的登山和冬季越野滑雪的小径。

2015 年美国新闻文理学院排名卡尔顿学院位列第八，具体年份排名有上下，但一直位列全美前十名和中西部（Midwest）第一。它的本科教学质量在美国新闻文理学院排名中位列第一。因为位于冬天冷且长的明州，排名第八的卡尔顿学院录取率在 20% 以上的水平，相比之下，位列第 35 位但位于加州的 Pitzer 录取率还不到 15%。如果你能接受冷些的冬天，这是个机会。何况还有春、夏、秋的极致美丽来补偿你。

学生群体

卡尔顿学院总共有 2000 名左右的学生，都是本科学生。2014 年新生一共 526 名，其中 54 名国际学生，占 10% 多一点，其中超过 50%（29 名）是中国学生，占新生总数的 5.5%。学生群体来自 47 个州和 19 个国家，除了中国，还包括其他亚洲国家、非洲、欧洲及加拿大的学生。卡尔顿也开始更多致力于招收拉美国家的学生来更好地建立校园多元化。有意思的是，526 名新生中，不出所料，来自明州的最多，有 70 名，但完全没有想到的是，第二名是加州，有 62 名。纽约州和麻省也位列前 5 名。引导我们参观校园的几个学生导游中就有一名来自加州最南端的圣地亚哥，看来加州的孩子们不怕下雪和寒冷的冬天。

学 术

卡尔顿学院学术方面受人尊敬，尤其在理工科学习方面，比如生物、化学、数学、计算机科学。这几年，计算机科学方面发展最迅猛，学校也为此增加了计算机科学的师资力量。各大顶尖高科技公司也来卡尔顿招人。学生中 40% 左右学理工，剩下的 30% 学社会研究，30% 学艺术，卡尔顿的艺术领域也很突出（据录取副主任 Brian Swann 口头评论）。学生们能常规地进入顶级的研究生项目深造。

卡尔顿特别寻求那些有强烈求知欲的学生。学院为学生提供大量的研究机会。卡尔顿是美国前 6 所为博士研究生输送人才的本科学院之一。有 20% 的卡尔顿毕业生毕业当年进入研究生院深造，五年内这个数据增加到 70%。纵观卡尔顿毕业生的一生，继续研究生及博士生深造的比例高达 85%。

毕业生中也有很多学生进入医学院和法学院。而他们被医学院和法学院接受的比例相当的高（80% 和 90% 以上）。

卡尔顿有不错的医学预科课程安排。在卡尔顿学习医学院预科不要求理工科专业。卡尔顿的医学预科学生里有 30%~40% 的专业不是科学类的。

对于卡尔顿学生来讲，还拥有独特的机会参与和哥伦比亚大学或圣路易斯的华盛顿大学合作的 3+2 合并计划，3 年在卡尔顿、2 年在哥伦比亚大学或圣路易斯的华盛顿大学，取得双学位。

也有 3+3 计划，3 年在卡尔顿，3 年在哥伦比亚大学，拿到卡尔顿的学士学位和哥伦比亚的法学博士学位。当然这些计划有严格要求，每年名额非常有限，需要很早就开始和学校沟通申请。

卡尔顿学院要求学生不仅在自己选择的专业方向进行深入和严格的学习，同时也要求学生接触广泛的知识领域以及学习这些知识的方法。所有的学生都需要达到英语和另一门外语的自如掌握程度。同时在四大领域的课程方面达到要求：艺术和文学领域、数学和自然科学领域、历史哲学和宗教领域、社会科学领域。此外学生还需要至少选一门非西方文化的课程和参与一年级的辩论和询问讨论。[①]

校 园

校内建筑混合了传统与现代风格，传统风格的高大、厚重、注重细节，现代风格的宽敞、明亮、简约，总的仍以传统红砖建筑为主。这一阵走访了不少的校园，卡尔顿的校园也很美，如果仅是教学区，加上今天的阴雨连绵，倒不是我见过最美的。

---

① 这一段取自 FISKE guide to colleges，第 116 页。

结束导游带领的参观、信息介绍会和与招生人员交流后，我自己驱车（两分钟）前往卡尔顿的植物园。两个小湖、一座水泥桥、三座小木桥，还有小路和湖畔青葱的草木，在淅淅沥沥的春雨中（这儿还是春天），再点缀几只湖面嬉戏的大雁，美不胜收，难得。

湖的这边有非常完善的室内健身中心，包括高大的室内攀岩馆。校园五脏俱全，甚至包括一个发电站，不仅为校园还能为小城（不到 2 万人）提供电力供应。

2014 年入学的 526 名学生中有 275 名接受过经济资助，平均每个学生的馈赠类资助（grant）是 33453 美元，如果包括奖学金，工作 – 学习和贷款，达到人均 42005 美元。对于中国学生来讲，申请美国政府和州政府的助学金是不够资格的，但不同于其他美国大学，卡尔顿有专门针对国际学生的助学金，但需要早早申请，因为名额有限。①

校园生活

尽管离双城不远，交通也还方便，和我交谈的在读学生导游和负责招生也是卡尔顿校友的 Brian，都跟我提到，他们一年也去不了双城几次，大部分的社交需求在校园里得到了满足。校园里常年有来访者，比如乐队、演讲者等，学生们也很忙。卡尔顿有自己全新的剧场和工作室。2000 年来校做毕业致辞的是前总统比尔·克林顿。

---

① 来源：Carleton College brochure。

这是一个热爱玩飞盘的校园，密度可能在全美都首屈一指，可能和校园里宽广的绿地有关。还搞搞"人肉"保龄球，冬季有厨房托盘比赛、雪橇比赛等等。

这个校园也有许多有趣或者古怪的传统，比如"偷席勒塑像"的传统。这个传统始于 1957 年，席勒是著名的德国诗人，席勒塑像的持有人一方面要防止别人从他那儿将席勒塑像偷走，另一方面没人偷更是无趣，所以还要想方设法显摆席勒塑像，刺激他人偷的欲望。所以"席勒"同志上过美国总统的空军一号飞机，在一个直升机上悬垂过，在真人秀"绝望主妇"里也露过脸。克林顿来演讲时，席勒还上了主席台。大家都想去偷，但没人斗得过克林顿的保镖。

就业环境

明州是很多大企业的总部所在，包括财富 500 强中的 18 家企业，涵盖医疗、零售、食品、银行金融、科技材料等行业。这 18 家公司里有一些比较知名的名字，比如化工类的 3M、Valspar；医疗类的 United Health、Medtronics；食品类的 General Mills；零售类的 Target、Best Buy；金融银行类的 US Bank、Ameriprise 等。还有一些总部不在明州，但在明州拥有很大业务和设施的公司，比如 Cargill（以前总部在明州）、富国银行（Wells Fargo）等，很多本地公司都注重招收本地生源。

资源共享的西部文理学院联盟[*]

加州克莱芒文理学院联盟

在介绍美国大学教育时，经常会提到综合研究类大学与文理学院的区别。由于中国并没有真正意义上的文理学院，几乎所有大学都是综合类的，因此我们对文理学院的认识，很容易停留在书本层面，没有落地生根。"笨人""笨法子"，有时最直接、最实在的做法也是最有效的做法，那就是去实地考察。

2015年4月奔赴加州洛杉矶附近的克莱芒（Claremont，距洛杉矶35英里），实地考察克莱芒文理学院联盟，5个本科学院，两个研究生院，也称7Cs或5Cs（单指本科时）。地理位置上紧靠在一起，在学术等多方面资源共享。我的考察重点是5所本科学院：Pomona、Claremont McKenna（CMC）、Scripps、Harvey Mudd和Pitzer。

逗留期间，走访了5个校园，参加了3个校园参观团，听取了

---

[*] Shirley访校于2015年4月，记于2015年5月。内容来源：个人考察体验，部分内容参考查证了FISKE guide to colleges，5所学校官网，维基百科。

Pomona 和 CMC 的介绍会，与录取工作人员进行了交谈，尤其针对国际学生的录取。

记得 8 年前有个汇丰同事是越南裔保加利亚人，他在一项全国考试中获得第 2 名，被美国 Colby 学院直接从保加利亚招来，学费、生活费全包。工作中特别欣赏他的头脑、学习和工作能力，但 Colby 学院，那时还从未听说过。后来做了一些调研，认为文理学院的主要特征是：（1）注重本科；（2）人数少，社区联系紧密；（3）注重基础学习，不以就业为主导。这些认知对吗，我带着这些疑问飞往加州考察克莱芒的 5 所院校。

这 5 所院校是在不同时期建立的，Pomona 始建于 1887 年；Scripps 成立于 1926 年，是女子学院；CMC 建于 1946 年；Harvey Mudd 建于 1955 年；Pitzer 建于 1963 年。根据 2015 年美国新闻的文理学院排名，Pomona 排名第 6 位，CMC 排名第 11 位，Harvey Mudd 排名第 14 位，Scripps 排名第 25 位，Pitzer 排名第 35 位。每年的具体排名会有上下，这两年 Harvey Mudd 明显上升。无论是哪种排名，Pomona 每年始终稳居西部文理学院的第一位。

5 所院校的校园紧邻着，站在 Pitzer 校园边界上，对面就是 Scripps，右手是 Harvey Mudd，左手是 CMC，远一点可以看到 Pomona 的高塔。

5 校联盟最大的好处是资源共享。5 校中任何一所学校的学生都可以注册和参与另一所院校的课程。尽管每个学校不算大，几十英亩，但任何一个 5 所学校的学生，共享同一个选课及注册系统，可以在 2200 多门课程中选择。Pomona 有 3 个食堂，其他 4 个学院各有 1 个，所有的学生都可以去 7 个食堂中的任何一个。每个食堂都有自己的知名大菜，如牛排、甜点等。早有 Harvey Mudd 的学生编了应用软件，可以实时查菜单。5 校也共享文理学院里最大的图书馆。CMC、Scripps 和 Pitzer 共建共享 Kech 科研中心。

5 所院校又各不相同，正如 CMC 的招生主任所言，每个学校有自己的办校宗旨，致力于通过本校的一些基本课程设置来培养符合办学精神的人才。

• Pomona 是美国西部的具有东部文理学院风格的大学，体现更多传统的文理学院精神，培养全方位人才，为人生做长线准备。校园非常美丽（我眼里 5 所学校里最美的一所），建筑非常有特点。走在校园里，让人有强烈的愿望回归校园。学术方面拥有很强的综合实力。

• CMC 的当年毕业生只有13%继续深造，大部分投身职场。CMC 的校园更小巧，校园中间有一座仿佛浮在水面上的玻璃房子（见图 1），我们走过时，里面的姑娘脱了鞋，翘着脚，坐在沙发上看书，真是让人向往的所在。

• Scripps 作为唯一一所单一性别教育的学校，有些与众不

图1 CMC——"水中的玻璃房子"

同。校园仿佛一个美好又别致的庭院，置身其中，心很静。我一个朋友从北京带领一个高中中美班学生在美做高校访问时，对 Scripps 一见钟情。

• Harvey Mudd 就是理工科 Geek（极客）的天堂。在科学与工程领域外很少为人所知。脑力与加州理工齐名同时拥有更多更好的与出色教授直接交流的机会，同时比起一般的技术类大学在文学艺术类有更多的接触，号称毕业生平均年薪最高。同时 Harvey Mudd 的学生继续深造的比率也最高。位于加州，专长技术，不是个坏组合。校园里来来往往都是滑着滑板穿梭的学生，还有骑独轮车的。去咖啡馆买咖啡，里面坐满了埋头

/ "面试"美国大学

钻研的学生。最强的专业是工程、电脑、数学、物理和化学。

• Pitzer 更注重社区和谐及社会责任感，校园里只种有加州沙漠地带特有的植物品种，比如仙人掌，宿舍的废水都是会再利用的。我也第一次在校园里看到圈养的公鸡、母鸡。

以下对 Pomona 和 CMC 做一些更详尽的介绍。

Pomona College

办学方针

介绍会时招生官提到大部分人一生中会换 6~7 次工作。而我们生活的这个时代，大学读书时，很有可能自己的 Dream Job（理想工作）根本还未出现。所以 Pomona 致力于通过文理学院的教学为学生奠定人生基础，无论他们将来具体从事什么职业：（1）鼓励他们尝试新的事物；（2）培养他们看到事物之间关联性，看到不同的事物是如何发生关联的。

最强的专业——国际关系、经济、神经科学、外国语言文学、媒体研究、化学、政治等。

地利——绝佳位置，无论是享受大城市能提供的一切（洛杉矶），南加州的所有，还是接近自然，无论是高山、沙漠、海滩、森林，都很方便。同时也能便利地与企业和公司接触合作。

资源

• 校友的慷慨捐款——作为一个相对小的大学（1600人），2014年校友捐赠价值20多亿美元。这些捐款都用到了学校设施、经济资助和教学研究实习项目上，是一般同等文理学院能为学生提供的资源的两倍。

• 实习——如果学生在兴趣所在领域找到的实习机会没有收入，可以向学校申请，批准后学校会提供资助，涵盖交通、住宿、生活费用以及一些其他费用。

• 本科学生的夏季研究项目——本科学生可以向学校申请利用暑期进行特定的研究项目，得到批准后学校会提供一个暑假4000~6000美元的经济资助。

• 经济资助（Financial Aid）——Pomona对美国学生（公民、绿卡和美高学生）实行Need-Blind录取方式，录取决定完全不考虑经济条件。一旦录取，会100%满足需求，同时经济资助没有贷款，只是奖学金和打工，是完全意义上的馈赠。

学校风格——Pomona更多是合作而不是竞争的氛围。

学生去向——Pomona的毕业生在毕业10年内有85%的学生进入研究生院继续深造。很多学生去了哥伦比亚、哈佛、斯坦福、西北、UC伯克利、剑桥、宾大、耶鲁等大学；也有大量学生进入知名的科技、投行、媒体、文艺领域工作，比如谷歌、苹果、高盛、斯密斯索利亚自然历史博物馆、索斯比拍卖行等公司；同时也有大量毕业生创业，在不同领域取得成功。

Claremont McKenna College（CMC）

办学方针

- 与传统的文理学院不同，CMC更多地采纳了一种以实用与实践为主的做法。
- 强调走出教室和校园的围墙。
- 只有13%的学生毕业上研究生院，毕业三年内也只达到28%。
- 希望毕业生利用大学时光为事业和职业的开展做好准备。

最强专业——经济、政府、心理、国际关系、历史、科学、商务等；适合有志于在商业或公共事务领域发展的学生。

环境

- 仿佛一个自家的庭院，不是高大上的感受，而是很亲切紧凑，有家的感觉，有一些现代风格的建筑。
- 独特地理位置，可以展开滑雪、海滩一日活动（上午上山、下午下海）。

资源

• 研究——校园里有 11 个研究中心，从大学第二年可以参与有收入的实习项目。

• 实习

◎ 一般学生在毕业前已经开展过 4 ～ 5 个实习；

◎ 学校会为没有收入或收入过低的实习机会提供经济资助；

◎ 80% ～ 85% 的学生会参加暑期实习；

◎ 学生可以很方便地运用校友数据库；

◎ 校园文化鼓励学生最大程度运用资源，主动出击。

• 海外学习项目——40% 的学生会参加 CMC 在 56 个国家的海外学习项目。

• 学校交换项目——与东海岸的 Haverford College、Colby College 等交换学生。

• 全日制硅谷和华盛顿 DC 全职实习＋学习项目——学生可以花一个学期在硅谷和华盛顿 DC 白天工作，晚上或周末学习。

录取

• 看重学生通过论文回答的"为什么选 CMC？"

• 不是很在意 AP/IB 课程，不需要 SAT Ⅱ。

• 注重学生的经验和经历。

• 100% Need Blind——对美国学生录取不考虑经济状况，

/"面试"美国大学

对国际学生要看经济能力。

- 注重寻求学生和 CMC 办学宗旨的契合（FIT）。

总　结

文理学院的学费不低，学费一般 5 万美元一年，加上杂费如今应在 6 万 ~7 万美元。但同时这几所学院提供优越的经济资助，一般50%~60% 的学生会获取不同形式的经济资助，使实际成本下降。

有一点给我印象很深。差不多每一个校园游的导游，都是在校学生，无论哪个学院，那个孩子都至少在学两门或更多的专业。这5 所学院为孩子们提供良好的环境与资源，给孩子们很多选择，让他们恣意成长。

克莱芒学院联盟最大的优势在我看来就是它们提供了一种可能：既能享受小型文理学院带来的紧密社区，与教授深度接触交流，通过基础文理学习打下的人生基础；同时因为 5 校的资源共享，使学生同时能享受到一个中等综合研究类大学所能提供的资源；再加上因为每一所学院的不同宗旨和风格，给学生提供了一个更多元化的学习成长环境。

CMC 也给我们提供了一个不同于传统文理学院印象的例子，非常实际，为孩子们未来职场发展打下了坚实基础。

走在不同而美丽的校园，真是想重返校园啊。在这样校园度过4 年，该是多么丰富和享受啊。

人的感受 *
哥伦比亚大学

参观哥大给我留下了深刻印象，再一次证实和加强了我参观圣母大学、芝加哥大学后，相对于参观西北大学、卡尼基梅隆大学和一些公立大校后得出的印象和结论。

这种学校确实把人文教育的理念，即所谓素质培养，追求一个人潜能的实现和一些技能的培养更好地融合在一起，而且把它们融为一体。我认为，传统私立名校尽管很古老，比如说它校园很古老，有非常成熟的树林，有非常经典的建筑，同时，你在跟它里面的人打交道的时候，因为他们拥有的沉淀，在比一般人显得沉静从容的同时，又充满了生命力和活力。很大一个原因可能在于历史的渊源，普通公立大学总的来说建校毕竟晚一些，同时至少最初它的生源主要是来自工薪阶层家庭的学生，生存为第一考量，所以重心和出发点自然地从职业技能培训开始。而很多传统名校，早年多数学生来自比较富裕的家庭，生存不是第一考量，对自我实现、不断求知、

---

* Shirley 访校于 2015 年 8 月，2015 年 12 月 7 日记于明州。

╱ "面试" 美国大学

追求精神层面的理想考量更多，所谓马斯洛需求效应，因此从这个角度看两者不太一样。而往往是这些传统名校，因为拥有多年的积累，把素质和技能的培养结合得很好，人文是起点，也是基础。因为每个时代具体需要的技能是在变迁的，而人文素质的东西，反而更具有跨越时代的共通性。人是活的，环境的变迁带来技能需求的变迁，通过不断的学习与应用，是可以根据需要优化掌握的，大学时代是一个好的打基础的时代，大学教育也是一个好的打基础的教育，但学无止境。有一些学校，在这两者之间，也是以人文教育为学习基础，有自己的核心教程（Core Curriculum）或者课程的分配要求（Distribution Requirements），同时在一些特定的应用或技能领域奠定了突出的优势，但感觉上还未在整体范围上将人文教育与技能培养全面有效地融合起来。

哥大当时给我留下很好的印象也包括它的招生官。他在做介绍的时候给我的感觉，和圣母大学碰到的韩裔招生官女士，有很多共通的地方。你能感觉到他们是 Well Rounded（很全面的），圣母大学招生官来自很好的家庭背景，哥大的这个招生官来自普通家庭，能够通过 4 年的大学教育，把人浸润成很从容、很淡定同时又是充满活力与热情的状态，应该也是教育的一种成功吧。当时在听他的讲座的时候，我们大家很多很多人，在一个很大的阶梯教室里。他本来开玩笑说以前做介绍时曾经发生过火警，结果当时就真发生了火警。大家一起走到 8 月的大太阳底下，他先是很周到地把大家带到树荫多的地方，找到坐的地方给大家继续讲解，同时联络看有没有其他的教室可以去。在这种紧急情况下，他并没有惊慌失措，而是始终掌控局面，并尽量让大家感觉到比较舒服。我觉得这也是一种本事吧。当原教室警报解除后，他又把我们带回去。尽管一出一进耽搁了些时间，并没有影响到把他认为最重要的东西讲出来，然后做适当的调整。反省我自己，这一块儿是我自己需要改进的。有时候碰到紧急情况，就会着急，不如他们从容，我觉得年龄大了，慢慢有些沉淀了，有些事情可以分清轻重缓急，但是还没有做到可以像他们一样的淡定。不仅要经历事情，还要消化事情，才能逐渐做到。像我们是用岁月来堆积，而如果你去了这样一个学校，它在培养你的过程中就把你往那个方向引导，我觉得就可以加速这个过程吧。

据我们的学生导游介绍，哥大教员有 82 个正式员工是诺贝尔奖获得者，非正式员工的有 120 多个。哥大有 10 亿美元的研究基金，教授们热衷于让本科生参与到研究中去，据他们解释是因为本科生充满热情。小导游的一个朋友申请了 25 个机会，有 24 个给了她回复，她最后拿到 14 个机会，其中很多项目中有诺贝尔获奖者。小姑娘很难相信自己的好运呢。很多划时代的科技突破就发生在这个校园里，比如激光的发现。而对于本科生能够参与到这样的研究项目中去，确实很难得。

参观校园时，印象很深刻的就是这个学校有这么深的历史沉淀，人文方面这么出色，同时呢，还在各个科技领域做到各种各样的突破，确实难得。我觉得思想引导人，也是很重要的一点。即使他是科技天才，其实他很多方面都是可以交相影响的，这也是我认为这种大学为什么会强调这种 Core Curriculum，或这种 Distribution Requirements。因为人是人，我们也了解到有些特别出色的科技人才比如数学家在音乐上得到灵感。一下子让我联想到 MIT（麻省理工）招生官提到 MIT 最受欢迎的 Minor（副专业）是音乐（MIT 的 75% 学生专业为工程）。我有一个学生热爱音乐、醉心中国先贤的书与哲理，同时热爱科技，致力于在大学学习特定领域的电脑科技，是一个很清楚自己要什么的孩子。我当时走在队伍的最后，就开始给国内的小伙子微信语音留言，我们也考虑哥大吧，尽管那时还不知道他的成绩最后能不能达到哥大的门槛。但显然，这是一个 FIT（适合）他的校园。

还有一个细节不可不提，哥大实在是方便，门口就是地铁和公车站。最最重要的，门口有多个餐车备选，中餐选项多多，甚至有凉皮，三菜一饭 7 美元，一菜一饭才 4 美元，我还吃了个肉夹馍。除了纽约的各色大餐，繁忙学习中，这也是心中重要的一个"底气"呀。

"内外兼修"的典范 *

杜克大学

每次读到杜克大学，说到它历史短、年轻，都不禁莞尔，建校于 1838 年，说来也是 180 岁的"老人"了，只是和建校于 17~18 世纪的传统藤校们比，稍显青春，比斯坦福还是老点儿的。杜克在学术上名声很响，不输藤校，是美国南部最好的大学。实地考察前，虽是"久仰"，但了解有限，实地考察后多少是爱上了。爱上的大学越来越多，但威廉姆斯学院仍是我心头第一，看来我是"宝玉"一类的，虽然看看"宝钗"不免艳羡，也不影响继续爱"黛玉"。

另一个有趣的点是，当我查看杜克知名校友时，看到了宋嘉澍，他是杜克大学历史上第一位国际学生，也是我们所知的宋家王朝的缔造者，宋氏三姐妹的父亲。从这个角度，杜克大学与中国的渊源也算久远的了。从这第一个国际学生到如今近 20% 的学生群体是国

---

* Shirley 访校于 2017 年 10 月，2018 年 1 月 22 日记于明州。

／"面试"美国大学

际学生，杜克大学本身见证了历史的变迁。而在国际学生中，来自中国的学生是最多的。

初见暖心——杜克人

实地访校也许最重要的目的是去看人，实地体会校园里人与人之间的互动和由此形成的校园氛围。

参观杜克那天是下午，因为上午在北卡教堂山长时间找不到停车位的惨痛遭遇，我提前半小时到达了杜克招生办。计划先去食堂觅食，从招生办拿了一张地图，大致问了一下方向，他们告诉我走过去大约 8 分钟。8 分钟后，我迷失在校园里。向几个学生询问，才发现我走反了方向，他们热心建议我去班车站坐车，同时告诉我也可以走过去，并指明了方向。我掉头开始跋涉，心中还是惶恐。刚走一会儿，一名看上去像教授模样的中年男士停下来问我是不是迷路了，是否需要帮助。他给我详细解释了路线，看我好像还是迷惑，干脆带着我走了一段，直到确保我明白了才离开。后来又碰到一对母女，邀我同行一段。这时远处的杜克西校区的教堂尖顶已清晰可见，想迷路也不可能了。我始终在意这些小小的细节，一路帮助我的人，尽管自己都行色匆匆，但没有一个人让我感受到丝毫的不耐烦，更难能可贵的是他们能够留意到一位陌生路人的迷惑，主动上来提供帮助，还不止一位。一个多么友好的校园。

再见倾心——杜克校园

尽管惭愧，但我确实是一个不折不扣的校园"外貌协会"成员。可能在我心里，在步入人生与职场前，拥有一段"Bubble"（泡沫）的时期很重要，既能看到外面的世界又与外面的世界隔开，可以专注于内。离开校园进入社会以后就很难找到这么美丽的 Bubble 了。

杜克的校园正好是这样一个美丽的"Bubble"。

校园分中、东、西三个校区。我迷路时实际是走到了中校区，正在建设巨型的艺术教学中心。招生办介于两个校区之间。我们的参观主要集中在西校区。从纯建筑的角度来讲，西校区是最让人震撼的，被称为"哥特式的乐园"。而其中最让人印象深刻的建筑就是杜克教堂，也是美国最早的非裔建筑师设计的，高 210 英尺（64米），可以容纳 1600 人。而通往杜克教堂的长长的走道，视觉上完全无障碍，更进一步提升了杜克教堂给人带来的视觉上甚至精神上的冲击，显得格外高大、巍峨、神圣。我本身就是哥特式建筑粉，不难想象我会格外被魅惑。而教堂周边的建筑群和大片的绿地，一起深化了这种印象。后来读到，西校区的建筑采用的石头用了 7 种基本色彩和 17 种不同的颜色。匆匆走过，是看不出来的。走在教堂前，有一刹那让我想起芝加哥大学图书馆一带的建筑与绿地群，两个大学的建筑与校园其实不一样，但又有着某种相似，都是学术氛围浓厚的校园，只是杜克的树更多、更密，建筑仿佛更辉煌。杜克校园西校区总的来说给人一种高大上的感觉，当参观校园图书馆时，馆内窗户与门框细节上的雕花映着投射进来的阳光，让我想起欧洲的城堡与教堂，一样的匠心独具，细节感人。除了风格突出的建筑群，大片精心护理的草坪，我也非常喜欢校园葱葱郁郁的成熟的树林，小松鼠们在林间地上欢快地跑来跑去，离校的路上，我走的小路，还在路边逗了好一阵小松鼠。

杜克校园不仅有这三个校区，有自己的艺术博物馆，有河，还有占地29平方公里的杜克森林，是全美最大的持续保养森林之一。有几个大学有自己的森林呢？里面居然还有世界上最大的珍稀猿猴亚目灵长类动物的栖息所。不过我更喜欢的一个小细节是杜克森林还是美国主要的圣诞树种植产地，圣诞老人会不会来这儿度假呢？哈哈。

在大西洋边的Beaufort，杜克大学还拥有一座占地15英亩的海洋实验室。

我们的学生导游向我们隆重推荐杜克花园。她说，有这么美丽的地方去放松，怎么会压力过重呢？去那些美丽的花儿边放松一下吧。因为行程匆匆，我没有时间去参观杜克花园和森林。不过看到的杜克花园的图片让人神往，尤其对我这样一个爱花、种花人。听说里面有长达8公里的林荫小道呢。为了能看到实景，我有充足的理由再访杜克。

由外及内——杜克的学术

归根结底，学生来杜克更多不是因为校园，而是它能提供的学习与成长。杜克之所以为人尊重，最关键的还是它的学术。但美国拥有多所高学术质量的大学，杜克有什么独到之处吗？我是一个纯粹的旁观者。作为一所综合大学，杜克对通识教育的额外重视、对于跨学科学习的格外强调与贯彻、在学术上的自由与包容和对"知识服务于社会"的推崇这四点给我留下最深刻的印象。

1.重视通识教育，明确提出致力于"Life Success"的通识教育

我在杜克介绍册上看到一段话，直击我心，强烈共鸣。

"The beauty of Duke liberal arts education is that you gain skills and ways of thinking you can take to any career path. We will teach the skills needed to work in teams and thrive, to think critically and explore different perspectives, to write persuasively, to analyze with precision, and to develop high order reasoning and independent thought."（Shirley 的中文随手翻译：杜克通识教育的美好之处在于你在此学会可以运用到任何事业／职业道路上的思维方式和思考技能。我们传授有效的与人合作并成长的技能，教导如何辩证地思考并从不同角度探索考量，教会你有说服力地写作，

精准地分析，培养高度的逻辑推导和独立思考能力。）

　　而从招生人员的介绍和与学生导游的交谈中，感觉杜克是在认真践行他们的教育理念。

　　在整个教程上，杜克是以通识教育的方式推行的，许多Umbrella（伞）型话题，在四年中每个话题修两门课。也正是基于此，杜克本科没有商科一类的专业，但杜克本科毕业生申请顶级商学院、法学院和医学院的录取率非常的高：录取率商学院99%、医学院85%、法学院98%，听说还是10年来最低的录取率。

　　2.跨学科学习（Inter disciplinary-cross discipline study）

　　有一个学术方面的点，我有不断听到看到杜克对它的强调，就是跨学科学习。运用跨学科的途径来进行研究和解决世界上的实际问题。这种途径我自己内心是赞同的，职场多年，我知道太多实际问题的解决与突破需要跨学科多学科的知识技能与合作。

　　杜克提供"Focus"（焦点）项目，用研讨会的形式，针对15名或更少的学生，选择一个较宽的主题比如生化科技或人文社会变革来进行教学。

　　3.学术上的自由与包容

　　杜克非常注重学术。同时为学生在学习道路选择方面提供了很大的自由。杜克本科有48个专业，150个副专业和20个不同的证书项目。只有17%的学生选择大学四年只专注在一个专业上，83%的学生要么选择双专业，要么选择兼修一个副专业或证书项目。这一群人中，12% 修习双专业，50% 修习副专业，甚至有 8% 的学生同时修习一个专业、一个副专业外加一个证书。

学生们能做到这点，和学校的支持密不可分。70% 的课程学生不到 20 人。学校甚至为学生提供资金邀请教授一起午餐，来促进师生间的沟通与互动。

校园参观前后我上网了解了在校学生对杜克的评论。有个学生说："如果你来这儿，因为它无数的可能性、机会、人和它的美丽，你没法不爱上它。"另一个孩子说："交融、新与旧、体育和学术，教育出来的学生差不多本身就定义着'全面'。"都强调了一个包容、多可能性、多元化的环境。

一个学生还指出："作为学生，学校为我们提供了很大的自由，和自由一起的，还有责任。"拥有这种认知，本身很难得。自由与责任这两者永远相辅相成。

4. 服务——"Knowledge in service to society"（知识服务社会）

我们的小导游提到，在杜克，"每个人都参与到志愿服务中"。这和杜克校训中"知识服务社会"直接相关。杜克的熠熠生辉的校友名单中包括梅琳达盖茨，在她的支持下，杜克开展了"Duke Engage Program"杜克参与项目，由梅琳达盖茨基金会提供资金上的支持。这个项目支持杜克学生在暑期用 8 ~ 10 个星期的时间在美国和世界各地以浸入式方式参与当地生活，一起改变我们生活的世界。所有项目都要求当地社区的参与和合作。这个项目 2007 年启动，已经投入了 100 万个小时的时间。我们的小导游姑娘特别兴奋地分享她接下来这个暑期得到机会参与这个项目。另外她平时在校园也参与各种志愿活动，同时指出，差不多她认识的所有朋友都或多或少地在参与一些志愿服务活动。

这让我联想到网上曾经关于"精致的利己主义"的热议。我有时会和学生讲，大学会在意：you have care beyond yourself（你不仅仅在意你自己）。哪怕从一个相对功利的角度来看，如果一个大学在意领导力，领导力的一个角度的体现就是具备影响力，能够有效地影响他人。如果在你的意识里，从来没有对他人的考量，你怎么可能影响他人呢？这是出发点。

如果你读到上面这四条而有强烈共鸣，杜克至少应该在你考量的学校名单上。而不仅仅是杜克今年排名第 6，去年是第 8，明年是第 10，这 6~10 名的差别真的不是像大家想象的那么大，尤其是你如果熟悉统计学又知道美国新闻如何通过独特的统计建模来排名的。

校园氛围

作为一所南部大学，除了近 20% 的国际学生，杜克如今超过 50% 的学生是有色人种，让人印象深刻。未来的世界，必然是多元的世界，所以大学学习中，在不经意中适应这种多元化环境，学会和不同背景的人自然交流合作至关重要。这样成长起来的孩子，与不同背景的人打交道是一件自然而然的事，根本不需刻意而为。

有一点杜克给我印象深刻，是它对于"collaborative vs. competitive"（合作还是竞争）的强调，这当然不意味着没有竞争。一个高手云集的校园怎能没有竞争，但和一些"cut throat competition"（割喉式竞争）闻名的校园还是很不同的。

总的来说，杜克以自己非常融洽的社区感自豪。除了学校本身的重视和传统，另一个原因可能是杜克拥有强大的运动队，尤其是篮球。体育强校一般都有很强的学校荣誉感与归属感。

还有一个实际的原因，杜克要求学生三年住在校园宿舍里，给

图1　杜克大学餐厅

　／　"面试"美国大学

学生更长的时间来建立彼此间的 bond（关联）。同时所有的新生第一年都住在东校区，这样一来有助于新生适应杜克的环境。在世界各地，杜克有 40 多个校友组织。这个校友社区不仅仅存在于杜克校园内和求学这几年，还包括了对杜克学生和校友在世界各地的终生支持。

对于我这种吃货，杜克好像也很有吸引力，学生说有 20 多个不同的"饭点"可以选择。我自己的一个匆匆午餐，不仅就餐环境非常不错，很好吃，价格也公道。

由内及外——杜克的社区 / 环境

除了校园环境，大学的周边环境也很重要。

杜克附近的城市 Durham 较小，是个中型城市，但 Raleigh-Durham 三角地区是全美生产率最高的区域之一，是世界上医生、博士平均面积拥有率最密集的地区。到机场很方便，只需 20 分钟。许多大公司座落在附近，比如 GSK 医药公司、IBM、Oracle 等等。Durham 的文化氛围比较浓厚，每年有纪录片电影节、舞蹈节等，也是个很包容的城市。

申　请

介绍会的最后，招生老师给大家简单介绍了一下招生的要求和情况。

杜克对于具体用哪一种申请表不在意，基本原则是尽量减少学生们申请的障碍。申请时需要声明是申请三一科学与艺术学院还是普拉特工程学院。如果想要提前录取，最迟的 SAT 是 11 月，ACT 是 10 月，如果参与常规录取，SAT 最迟也是 11 月，ACT 是 12 月。其中如果学生考的是 SAT，杜克强烈建议考两门 SAT 专题（subject）考试，同时 SAT 要求带写作的，ACT 可以不用写作。和其他很多学校一样，杜克考量学生的课程选择、成绩、标考（标考分数采用单项最高分 Super Score）、三封推荐信（四封也可）、学生的课外活动，还有论文。她特意强调了写完论文自己大声念出来，文笔听上去得像你自己的。

　　招生老师自己是杜克的校友，她和大家分享了杜克希望找到的理想学生类型，她用了以下几个形容词。

- 有才能的（Talented）
- 投入的、积极参与的（Engaged）
- 有影响力的（Impactful）
- 有愿望的（Ambitious）
- 有想法的（Thoughtful）
- 多元化的（Diverse）

　　杜克整体录取率只有不到 10%（2017 年为 9.5%），所有申请人中，近 10% 是在 ED 阶段申请，90% 在常规录取阶段申请。ED 阶段的录取率为 25%，常规录取率在 8% 左右，ED 录取率是常规阶段的 3 倍多，当然背后有很多的原因，不仅仅是申请的时间与类型。

　　申请杜克的学生往往也会申请其他学术上最顶尖的大学，比如普林斯顿、哈佛、耶鲁、宾大，或是和杜克一样格外注重通识教育的其他藤校，比如布朗和达特茅斯。

结　论

　　招生介绍会开始时，招生人员给我们大家放映了一段录像，是杜克的一名篮球运动员从杜克教堂的尖顶上向地面的一个篮筐投篮，本来预计得花一整天的时间来进行拍摄，结果小伙子第一次就直接把篮球投进了篮筐，第三投也是顺利投入。

　　很多人知道杜克是因为它的篮球运动，它的球队素有"蓝魔"的称号。但在整个介绍过程中，除了这个录像，招生人员和学生导游完全没有强调杜克的篮球。我想他们是希望传达这样的信息吧：除了篮球，杜克还有太多可以为学生们提供的理念、资源、环境、支持、机会，尤其是在学术方面。学生在此不仅能够充分成长，还从此拥有了一个永久的社区并会享受它带来的长期和坚实的支持。

和麻省理工抢人才 *

欧林工程学院

　　参加第一天的校园游，最主要的原因是好奇欧林工程学院，这个在国内相当没名气，历史也不悠久，但直接和一流的工程名校（麻省理工、加州理工、斯坦福、Harvey Mudd）和一众藤校抢人的学校是何方神圣呢？事实证明这确实是我第一天校园参观的最大收获，而我的反应显然并不与众不同，参观的 IEC（独立顾问）中很多人都分享这个共识，有几位和我一样"格外"激动些。

　　欧林的建立不到 20 年，最初是因为工程学界希望从根本上改变美国的工程教育，由一组工程师组成的合伙人建立的。目标是培养出史蒂夫乔布斯这类能够拥有新想法并做出新产品的工程师，而不仅仅是有不错的专业工程技能。每个学生都应该在工具室、实验室和教室里感到一样的自如。和传统的工程教育不尽相同，欧林致力

---

*　Shirley 访校于 2016 年 4 月，2016 年 5 月 8 日母亲节记于纽约。

　　　　　　　　　　　　　／"面试"美国大学

于培养动手能力强、跨学科、注重设计性思考的工程领域的创新者。因为这个目标，欧林的教育强调以下几点。

- 动手能力
- 团队合作
- 以实际项目为基础的学习（project based learning）
- 实用技能
- 商业知识及创业精神
- 用多学科途径进行工程教育
- 强调培养领导力和沟通能力
- 强调在一个小的拥有支持的环境里进行本科教学和研究（所以现阶段无意扩大招生）

欧林学院的主要资金来源于 FW Olin（欧林）基金会的捐赠，这也是很有意思的故事，欧林基金会最初拿出了 2 亿美元用于学校的创建，2005 年当学校运转平稳后，欧林基金会把剩下的资金全额转给了欧林学院，基金结束运营。欧林基金会前后共计捐给欧林学院 4.6 亿多美元。

所有欧林学生都需参与两类项目，一类叫 SCOPE，大四 Capstone 项目，一年期限，从头至尾。另一类是 ADE，可承担（低成本）设计和创业项目。ADE 项目由巴布森学院和欧林学院共同运转，这类项目一般会延续几年，学生在不同的阶段参与。

在欧林碰到了好些快乐的学生。实地参观学校的最重要的价值就是看人以及感受人与人之间的互动感觉。这里的孩子无论在哪儿碰到如图书馆、食堂、工作室，看上去都很放松、开心、投入。我们的学生导游很有意思，很透明地分享她的想法，她的兴趣和热情也在言谈间很清晰地透射出来。最有意思的是她对巴布森和韦斯利（卫斯理）学院学生的评论。因为欧林和巴布森和卫斯理学生可以互相选课，所以有时会在一起做项目。小姑娘快人快语评论到，巴布森学生光会说，不会做（做得少），价值有限，她宁肯和卫斯理学院的学生合作，卫斯理学院的学生求知欲强，工作努力，能为团队合作带来价值。结合我自己多年项目经验，不禁莞尔。"不怕神一样的对手"，选队友至关重要。巴布森的学生与家长，这只是一家之言，扔鸡蛋请慎重。

另一点给我印象极深的是她带我们到一个项目讨论室，墙上贴满了各色 post notes（记事贴），她说为了确保这个项目的解决方案能够实际解决目标人群的问题，他们花了很多时间和目标人群沟通，了解真实需求，挖掘根本问题，而不仅仅是表面上听"我们需要这个"。和工程师打过很多交道的人会会心一笑吧，有时工程师会太迷恋自己的"伟大"设计，甚至一不小心忘了用户最初需要解决的根本问题是什么。而做过许多品牌用户人群调研的人也知道，有时一个用户群在一起讨论时，一个用户说他想要的不一定是他心里真

／"面试"美国大学

正想要的，要么是这群人中最有主意的人大声嚷嚷，他不好意思表达不同想法，要么这只是他以为的解决方法，但其实不能从根本上解决问题。我很羡慕这些孩子在大学期间就直接学习触及根本，不像我们是在多年实际工作中一点一点地从"trial and error（试错）"中慢慢摸索体会总结。他们当然还需要在未来工作中继续探索体会总结，但他们一上来走的就是接地气的途径。

对于欧林这样小型的学校来讲，选择对的学生对学校和学生来讲都太重要了。所以它的选择过程与众不同，每年 2 ~ 3 月周末，欧林会从申请人群中邀请一群学生来欧林度周末，这个周末包括住在学校，参与集体活动（项目），接受 panel（多人同时）面试。这样的过程，你根本无法"掩盖"你的本性，如果你并不真的喜欢这所学校，如果你并不真的热爱科学，如果你讨厌和他人一起做项目，等等。这与比较有效的公司招人过程类似。我由衷地看到他们做法的有效性。这也是为什么如果你被欧林放到 waitlist 上了，如果你愿意，你可以申请一年的 Gap Year，第二年，欧林为你保证一个位置欢迎你来。如果从最初的申请人群来计算，欧林的录取率很低，但如果从被邀请来参加周末的人群来看待，欧林的录取率很高。同时欧林学生不仅被鼓励积极参与实习和研究，也有很多科技行业的公司看重欧林的学生和技能，提供大量的机会。小导游提到她一个好朋友需要推迟一个学期的课程安排，因为他拿到了自己的梦想公司 SPACEX 的实习机会，学校很灵活很支持。

我连夜打电话给儿子（才 8 年级）让他上网去查查欧林，看看他喜不喜欢。后来儿子发来评论，工程学院排名，欧林如是如是，MIT 如是如是……哈，我问他，哪一款你觉得有趣呢？

最后加一条，作为纯工程学院，欧林的男女比例是 50∶50，有意思。另外只要被录取，学费直接减半，一视同仁。

外交家的摇篮 *
乔治城大学

乔治城大学（Georgetown University），简称 GU，又译作乔治敦大学，是我硕士研究生学习的母校。2001 年初夏，我从 GU MBA 毕业，转眼已经十几年过去了。2011 年 6 月，我已搬家至明州数年，还和几个同学约好一起返校参加毕业十年的同学聚会。讲起 GU，有不一样的心情与感受。

乔治城大学是一所天主教大学，但和其他天主教大学相比，比如圣母大学和波士顿学院，虽有宗教历史，但学校宗教氛围和色彩相对较淡。GU 是由天主教主教约翰·卡罗尔于 1789 年亲手创建，是美国最古老的天主教和耶稣会大学。作为大华府地区首屈一指的私立大学，在大华府地区很受尊敬。GU 的学生在找实习时，备受当

---

*　原文记于 2014 年 9 月并同期发布于我的腾飞在美国公众号，这次所做增添，主要是结语部分，文中主要数据未作变动，因为它们实际是处于永动状态的，在不断地上下浮动。如今亚马逊公司大张旗鼓地在全美选择第二总部，大华府地区据称是主要备选城市之一，在最后的短名单上。如果亚马逊的第二总部真的选在了大华府地区，相信也会为 GU 带来新的吸引力。

地公司的青睐，有些公司专门从 GU 招实习生，让 GU 学生享有得天独厚的优势。

今日的乔治城大学已经发展成为一所世界闻名的国际研究型大学，拥有 8 个学院、自己的附属医院以及众多名列前茅的学科。8 个学院分别是：乔治城学院（本科）、商学院、外交学院、法学院、研究生院、医学院、护理和健康研究学院以及继续教育学院。不同种类的学院为学生跨学科修习提供了更多机会。记得我读 MBA 时，就和兼修 MBA 和 JD（法学博士）以及兼修 MBA 和 MD（医学博士）的同学修习同一门课程和组成团队合作项目。法学博士是从本科直升上来的，待人处事咄咄逼人，事事力争利益最大化，模拟并购项目时把对手团队的日本妹妹都弄哭了。医学博士的两位都是大美女，说起话来让人如沐春风，相信将来收费多高病人都不会有意见。根据最新 U.S.News 排名，GU 法学院位列第 13 名，GU 本科排名第 20 名，当然具体排名每年都会有上下浮动。本科生和研究生人数超过 1.2 万人，加上职业教育，共计近 1.7 万人，分别就读于五个不同的校区：主校区（在乔治城）、医学中心、法学中心、乔治城大学北弗吉尼亚州校区以及乔治城大学外交学院卡塔尔分校。学校与复旦大学合作在上海建立了一个上海乔治城大学联络中心。GU 在全球范围内拥有一支庞大、多元化的共 5000 多人的教职员工队伍。

本科有 4 个学院：乔治城学院、外交学院、商学院和护理及健康研究学院，近 8000 名本科生，主要位于乔治城的主校区。最受欢迎的三个专业是：国际关系、英文、政治和政府；金融、经济、比较文学、医学预科等专业也很受欢迎。前总统比尔·克林顿是 GU 的本科校友。除克林顿外，GU 的多名校友在美国和世界各国的公共事务领域表现突出，比如美国最高法院的大法官安东尼斯卡利亚。有 12 名现任或前任国家元首为 GU 校友，美国有 6 位参议员、12 位众议员、多位州长、政府首脑、大量外交官和众多各国王室成员、商界 CEO 是 GU 校友。演员布莱德利·库伯（Bradley Cooper）也是 GU 校友。GU 在 2012 年收到了超过 11.4 亿美元的捐款。GU 尤其在外交和国际事务领域声名卓著。相对而言，GU 也以自己的国际化和多元化而闻名。在招生过程中，学生的国际化背景也是有价值的。

GU 同时拥有世界一流的教授。许多全球知名的政商名流也选择到 GU 授课。美国前国务卿奥尔布赖特就住在乔治城，也在 GU 授过课。我自己就从她家门口路过多次，看上去和一般人家没什么不同。

2001 年我们 MBA 毕业离开 GU 后，乔治城大学主校区经历了迅速的发展与扩建，已新建了几座宿舍楼和设施一流的商学院 Rafik B.Hariri 大楼。乔治城寸土寸金，以前地面的停车场移到了地下，地面上新建了高楼。2011 年毕业十年返校聚会，活动在商学院的 Hariri 大楼举行，比起我们当年奋战的临 M 大街的 Car Barn 大楼，高大上多了。但是我们的记忆都留在了 Car Barn。

GU 主校区的周围环境

乔治城大学位于波托马克河畔的高地，座落在华盛顿市乔治城的住宅区内，紧靠 M 大街和威斯康星大道。M大街以购物闻名，据说戴安娜王妃访问华盛顿时指名要到 M 大街购物。沿威斯康星大道可能是整个华盛顿市最好的区之一，街道两旁餐馆林立。如有急需，离中国大使馆也不远。大学所在城区不通地铁一类公共交通，据说跟前肯尼迪夫人杰奎琳直接相关，她的一生中在乔治城拥有过 4 所私人住宅，为了不被打扰，要求不通地铁。结果是毁誉参半：一方面，乔治城区的治安比整个华盛顿市区好很多；另一方面，GU 的学生们抱怨，尽管因为 GU 的品牌效应，他们总能顺利地找到实习机会，但从 GU 去实习单位上班却实在是一个伤脑筋的大问题。

因为座落在华盛顿特区，GU 学生可以方便地享受大华府地区所带来的一系列便利：免费的国家级博物馆、肯尼迪音乐中心、各国使馆、春天的樱花、丰富的文化融合、世界各国的美食……2008 年、2009 年金融危机时，依靠大量政府项目，大华府地区是美国少数持续发展的地区，吸引了大量人才流入，大华府区域的北维州得到一个别称：东部硅谷。总的来说，大华府地区提供了一个不错的学习、生活、就业的环境。

本科录取

GU 的录取相对较难，这两年在 17% 左右，算是除斯坦福、藤校、MIT等之外最难进的大学之一。除了学习成绩，会认真考虑申请人的课外活动、对社区社会更广泛的贡献以及学生个性中的坚韧、进取等特质。综合平衡地考虑申请人能为学校和学校能为申请人带来的双向价值。它的常规录取的录取率比提前录取还高些，细想之下，我的推测是很多提前录取冲藤，尤其是冲大藤的学生，在12月15日知道了藤校提前录取的结果，转而常规录取申请GU，造成学生生源素质的提升。当然这只是我的一方推测，没有GU招生办的官方背书。

GU几乎会为所有申请人安排校友面试或面谈，主要由校友进行。在中国地区，由于校友数量的有限性，不一定能确保面试，由于校方原因无法安排面试的，会给予免面试。

GU费用不菲，接近它的"贵族"大学的名声。但录取决定不考虑经济因素（need-blind）。一旦录取，会确保100%满足学生的所有的经济需求，55%的本科生获取资助，70%是补助和奖学金。但并不适用于国际学生，在我眼里，这是个缺憾，相对于顶级名校，比如哈佛、耶鲁或斯坦福，还有文理学院如阿姆赫斯特学院，这几所大学的经济资助对国际学生一视同仁。对于这些大学来讲，因为雄厚的资金来源，学生只负责优秀，学校来确保资金不成为求学成长的拦路虎。另外研究生和本科考量不太一样，有更多奖学金类资助（包括给国际学生）。我当年MBA班上大部分中国同学都有拿到奖学金，我自己也是拿到了免3/4学费的奖学金。

校园生活

71%的本科生入住校园内的宿舍。校园周边有大量的城市连栋屋可供学生租住,号称延伸开的校园。本科校园生活非常丰富。四个学院之间有着"哈利波特"式的友好竞争。有一个好玩的说法,GU校园号称美国身材最好的校园,拥有注意形象的名声。也有人称GU本科作"贵族学校"。GU确实有很多政商名流的子弟,来自私立高中的学生占51%(相比之下,University of Virginia弗吉利亚大学有75%学生来自公立高中)。

特点与传统

GU很自豪的一点是它的多元化、国际化的学生群体:比如宗教信仰,天主教占46.76%、其他基督教派占26.66%、犹太教占5.85%、穆斯林占3.08%、印度教占1.66%、佛教占0.87%、其他占3.01%、无宗教信仰占12.12%。它的学生来自50个州、135个国家。我所在的MBA 2001班,有250名学生,仅中、韩、日三国就各有12人、12人、15人,共计39名学生。还有大量来自拉美国家、欧洲和非洲的同学。我至今记得喀麦隆同学手上的手镯,工艺美仑美奂。而来自加纳的女同学,在伦敦长大,几乎能让任何人喜欢她,愿意和她做朋友,虽然她数学完全不开窍,毕业后去了JP Morgan。从她开始我才意识到交友也可以是一项技能。

GU 位于美国首都的地理位置，为 GU 学生参与政治活动、辩论、现场听取政商名流的演讲提供了大量的便利。一个 GU 学生评论："当人们来到华盛顿，想做演讲时，他们到 GU 来，而不是 GU 学生到他们那儿去"。甚至当有名的演讲人来到校园，比如比尔·克林顿，学生们还会在去上课和去听演讲之间做激烈的思想斗争。

The Hoyas——篮球比赛是 GU 生活的一大传统。蓝色和灰色是 GU 的代表色。斗牛犬 Jack 是 GU 吉祥物。GU 人别称 The Hoyas. Hoyas 篮球队曾七次获得东部联盟男子篮球锦标赛冠军，四次入围全国四强，1984 年获取冠军。我工作以后曾到现场观看过 Hoyas 篮球赛，非常来劲。因为是主场，当我们进球后，全场欢声雷动，好爽。

GU 最大的校园传统是万盛节之夜。学生们从校园出发，一波波"牛鬼蛇神"到M大街和威斯康星大道交汇口跳舞，沿路充满了各种万盛节的鬼把戏。我的同学被路人邀请去一个桌子上挑糖果，正专心挑，突然桌子底下伸出来的一只手抓住她的腿，她被吓得连连尖叫。

我的 GU 记忆——民以食为天

威斯康星大道和M大街沿街有大量餐馆可供同学们选择，比如M大街上的印度饭馆，我印象最深的是 Harmony 中餐馆，记得要从街上往下走，餐馆的宫保鸡丁非常地道，不过最过瘾的是它的杂酱面，料好汁浓面香料足，价格便宜，超值。如今还在吗？

前 MBA 大楼 Car Barn 门前就有好几个餐馆，高低贵贱都有，1789 餐厅供应高端法餐，屋内装饰有大量的美国古董。读书期间囊中羞涩，没去过。我们的快乐记忆都锁在了 The Tombs（坟场）和 Wisemiller's Grocery & Deli（威斯米勒的杂货店）。The Tombs 是同学们课余一块儿打发时间的地方。最让我们口水长流的是 Wisemiller's 的一款叫 "Chicken Madness"（鸡疯）的热三明治。还没毕业时就有同学声称人生一大幸福就是边看球赛，边狂啃 "鸡疯"。

转眼我毕业已经十多年了，就快奔二十年去了。但几乎每周我都能收到校友会发来的邮件告诉我一些校友活动，当然住在 DC 或纽约或旧金山会更方便参与这些活动。我也会定期收到 GU 杂志，还会读，作为一个念想。Minneapolis 一带的藤校校友联盟不知为何非把 GU 也算在内，有专人负责，差不多每月都有组织安排一两次或更多的活动，我去过两次，喝过一次啤酒，画过一幅画，现场有专人负责联络介绍。2017 年组织人 Dan 还来函邀请参加圣诞庆祝会，我刚好不在明州。几年前，GU 还派了家住明州的小校友作为 GU 大使来约我吃饭，GU 买单，了解校友会如何更好地为我们这些校友服务。前年还有过一次邀请我返校做学生创业项目竞赛的裁判，我刚好不在美国。后来被家人一通嘲笑，说这该去，放简历上多拉风，是哈，可见我商业头脑还欠缺，应该返校（商学院）回炉。

生命有时真给人一种轮回的感觉，我辞职出来全职做独立教育顾问后辅导的第一个学生大学去的就是乔治城大学。她曾在脸书上发文记录她的大学历程，说到她选择了 GU，"and never looked back"（无怨无悔）。她非常喜欢 GU。她的 GU 历程也格外丰富多彩，除了 GU 校园，她一会儿在外蒙古做志愿者，一会儿在澳大利亚学习。了解大学越多，了解学生越多，我也越来越成为奉 FIT（合适）为第一信条的践行者。

如果实现了呢？*
帕森斯设计学院

　　因为有位学生有一些艺术方面的特长，考虑申请艺术类大学，2016 年 5 月参加完波士顿的 IECA（美国独立教育顾问协会）年度大会后，我报名参加了 IECA 第一次组织的专题校园参观——纽约的艺术院校。这个行程很晚才推出，我的全部行程早定好了，为了参加，我放弃了一晚波士顿的酒店（在 MIT 校园里啊），又老实交了改票费改了回程机票。事实证明我的决定是英明的，付出的代价是值得的，这是我参加过的最好的一次校园游。我们一共访问了六所纽约及附近的艺术院校，包括纽约大学 Tisch 艺术学院、Pratt 学院等。组织安排我们校园游的是纽约大学 Tisch 艺术学院负责戏剧招生的总监 Chris，安排得特别好，除了详尽的校园考察，另外好吃好喝，好车好聊。大家在纽约大学中心的华盛顿广场合影留念，IECA 好像很喜欢这张照片（见图 1），看到他们各种场合各种出版物的各种使用，那是后话。

---

*　　Shirley 访校于 2016 年 5 月，2016 年 12 月 15 日记于明州。

　／ "面试"美国大学

**图1　2016年春IECA纽约艺术院校访问团
华盛顿广场合影（右五为作者）**

　　6所艺术院校不断带给我们惊喜，给我留下最深刻印象的是
Parsons。Parsons的参观从早餐开始足足安排了一个上午。对我
来讲，是一次非常珍贵的学习成长机会，我尝试从几个不同方面来
分享我的体验。

- 历史与简介
- 人

- 环境

- 什么样的人适合帕森斯

历史与简介

　　Parsons 设计学院是纽约的新学院大学（The New School）7 个学院之一。虽然叫新学院，但其实创建于 1896 年。一拨年轻教师离开哥伦比亚大学致力于建立一所社会研究学院，从头开始提供新的艺术教育。从建校伊始，就致力于作为一所国际性的学院来提供教育（真有远见啊），如今有 1/3 的学生来自其他国家，是一家多元化的学院。除了设计学院，新学院还有其他几个学院，包括朗（LANG）文理学院、表演艺术学院（包括曼尼斯古典音乐和表演艺术学院）、爵士乐艺术学院等。

　　其中帕森斯设计学院最古老也最广为人知。它一共"提供 13 个本科学士项目和 17 个硕士研究生项目。被广泛地认为是世界上最高端的艺术和设计学院之一，目前它位列美国艺术院校第一名和全世界的第二名，紧随伦敦皇家艺术学院之后。"[①] 当然也有很多人认为，罗德岛设计学院才是美国第一，见仁见智。我还没去实地看过罗德岛艺术学院，无法提供我的个人看法，今后一定去。帕森斯设计学院有 5 个学院，最有名的就是它的时装设计学院了，出了不少

---

①　引自：维基百科帕森斯设计学院词条。

　　　　　　　　　　　　　　　　　　/ "面试"美国大学

业界大腕，像 Donna Karen、Marc Jacobs、Alexander Wang、Tom Ford、Anna Sui、Jason Wu 等等。不知道这些名字又想学服装设计的，自己上网去查，这些名字连我都知道呢。

它非常值得推崇的一点，大部分的教职人员同时也是在业界工作的专业人员，同时因为地处曼哈顿，学校和设计业的方方面面都息息相通，因此学生们获取的远不止课堂所学。

人

新学院和帕森斯设计学院给我留下最深刻印象的是人，我们碰到的工作人员，无论着装、谈吐或是做事，都给我很强烈的专业性甚至职业性的感受，尤其是那几天一下参观了 6 所艺术学院，上一周又参观了大约 10 所大学，对比清晰。一部分原因可能是它的曼哈顿校址以及由此而来的影响。但同样在纽约曼哈顿，玛丽蒙曼哈顿学院的风格就截然不同，是小巧温暖和家的感觉。

招生人员

帕森斯为我们准备了很精致的早餐。我们一去，就一边吃早餐，一边听介绍。从新学院负责招生和入学（recruitment and enrollment）的副总裁开始，然后每个学院的招生负责人员一一对自己的学院项目及招生进行介绍，最后是帕森斯设计学院。

所有的介绍展示人员都给我留下了很深刻的印象，从这位副总裁开始，上领英（Linkedin）看了一下，是韩裔，纽约大学 Tisch 艺术学院毕业，曾在 Tisch 负责招生，甚至在北京工作过两年，在加州艺术院校工作多年，说话很精练到位，只做了短暂停留，但该说的都说到了。她穿了一身纯黑衣裙，但上衣有细致的蕾丝挑花，既职业庄重，又雅致又有个性，让人心中赞叹。随后的每一位介绍人，也都是各学院专业的招生负责人，男女都有，着装都既显职业，又绝不沉闷；既不炫耀，又雅致有趣。记得有一位好像说话有点英国口音，穿着一身连身中长裙，从腰部开始是反转的小鸟的剪影重叠，由顶端密集排列随裙型逐渐散开去，最后归于裙子素净的底色，让我心中暗暗赞叹。男士是位总监，系了领结。一位年轻一点的负责招生的女生，穿了收身的一条短裙，裙线很高，她就用了较深较稳重一点的颜色，古典一点的图案，配了一个小小的短外套来平衡，仍然非常职业与得体，同时年轻时尚又有趣。英文中有一个表述："dress to kill"，拿来形容他们极精准啊，职业感专业感超强。

　　整个上午的流程安排既紧凑又到位，对于我们想要了解的东西，安排非常有效。工作人员对专业和录取的介绍，学生与我们的互动问答，学生带我们参观校园。小到早餐餐品的选择与摆放，大到学生互动环节学生的组成安排，无一不考虑周全并精准到位，职业、专业、有品位几个词一再在我头脑中出现。他们有针对帕森斯设计学院通过 PPT 做更深入细致的介绍。首先很细心地在 PPT 第一页欢迎 IECA，不是这个欢迎是否重要，而是做事人的用心度以及对于受众面的习惯考量让人印象深刻。赢在细节，对吧？参观过的 6 个院校中，他们的介绍是最完整、最清晰到位的，信息量很大，但同时架构与着重点非常清晰，听的时候很容易抓住重点。讲的人没有重复 PPT 上内容，而是适时加入点评，把前后不同点组合起来，或是做特定的补充和强调，没有拖泥带水和浪费时间。

学生

来了三位学生和我们一起分享和讨论。

• Elias，美国白人男孩，在帕森斯设计学院主修综合设计，同时学习印刷制作，来自蒙大拿。

• J，国际学生，女孩，来自伊斯坦布尔，在新学院主修爵士乐，同时在 Lang 文理学院副修表演和音乐对社会的影响。

• Johnathon，来自纽约市的布鲁克林区，主修歌剧，副修创造性写作，他已工作过，修习 associate degree（相当于大专），他同时在社区大学学习，有人问他年龄是不是问题，他说同班还有个 65 岁的同学，他收到了经济资助。他很高兴地告诉大家接下来他会转到本科学历。

学校的安排足见匠心，三个人，涵盖了不同肤色、性别、国籍、学位、专业。

在大家的热烈邀请下，J 演唱了爵士歌曲，情感充沛、歌声醇厚、余音绕梁，我的眼泪都出来了。在座的 IEC（独立教育顾问）中有一位女士来自土耳其，激动得不知该如何是好了，太骄傲了。当问到土耳其女孩为什么来 The New School 时，她说她曾到意大利参加夏令营（由 The New School 负责组织的），这个夏令营帮助她确定了学习音乐的未来方向并来到新学院。除了学院，纽约市提供很多爵士演出和欣赏的机会。老师中就有爵士领域的传奇人物。学院提供给她很多与爵士传奇人物面对面交流的机会。

接下来 Johnathan 又为我们现场演唱了歌剧选段，最难得的是，对于一个在布鲁克林长大的穷孩子，一步一步抓住自己的机会，一点一点提升自己，辛苦但开心。尤其当他小时候，布鲁克林还是一个大家绕着走的地方。在座的 IEC 中，也有一位小时候在布鲁克林长大的女士，除了 Chris，她是这次校园游的负责人。Johnathan 唱的时候，她激动得边哭边鼓掌。

我们的领队 Chris 很周到，为了不冷落了白人学生，主动又问了 Elias 一个问题。我当时也正想到这点，正准备举手问 Elias 一个问题，回头和 Chris 会心一笑。Elias 尽管还在读，已经在帮助设计书的封面。

在参观校园时，我们又碰到很多不同的学生，印象最深的是学生们的专注，尤其是参观帕森斯时装设计学院的工作室，很大一间教室，排满了工作台、缝纫与针线设备。正好碰到很多正在繁忙工作的学生，有些设计让人非常欣赏，有一个亚裔孩子的晚礼服设计让我很动心。我们鱼贯出入、围观，但他们好像不受影响，我们提问，他们也耐心回答，但手中一直不停地忙碌。

环　境

新学院和帕森斯设计学院位于曼哈顿中心，不是在一个相对封闭的校园里，都市感很浓。我是一个喜欢校园氛围的人，但我认为至少对于设计学院，这样的校园很合适，地域会给学生们带来更多的刺激、灵感与机会。曼哈顿就在门外、窗外，曼哈顿的感觉穿透整个校园。校内校外、窗内窗外，合为一体。

我们的参观以帕森斯设计学院为主，但从新学院的其他学院开始。整个空间氛围的时尚感、设计感很强，色彩、图形既冲击又和谐，就像我们接触的那些工作人员。楼梯转角处，处处匠心独具，职业、专业、有品位三个词继续在我脑中时时闪现。

帕森斯设计学院外的曼哈顿的街边，设计了一个小小的休闲区，行人或学生可以坐下来休息或喝喝咖啡，环绕着很多的盆栽，仔细一看，装盆栽的容器其实都是装纸卷或画的纸筒（见图1）。设计学院现成的"垃圾"再利用，这样的设计用心，必须手动点赞。

什么样的人适合帕森斯呢？

整个参观下来，最大的感受这是一个很有个性的学院。适合的

图1 帕森斯学院用画筒和纸筒做的路边休息区

人会在这儿如鱼得水、火花四溅，激发出自己最大的潜力，在毕业之前就接触行业与市场，飞快成熟。不适合的人会有压力与格格不入。在与招生人员的交谈中，他们也提到学生人群有以下一些特点。

- 自我导向的（self-directed）
- 有想法的（opinionated）
- 对挑战自我感兴趣
- 能够进行抽象思维

他们提到帕森斯会"帮助学生打开自己，把内在定义他们的东西拿出来"。帕森斯会帮助学生找到向前走的道路。与老师和学生们的交流以及对校园的参观印证了这种看法。他们希望能找到的学生有愿望成为以下人才。

- 具有向前的推动力（Force forward）。
- 成为创新的力量（Become force of new）。
- 无情的追寻，不仅仅问"为什么"，还要问"如果这样会如何"
（"Relentlessly quest"，not only ask "why"，but also "what if"）。

他们认为最合适的申请人应该具备以下特质。

- 具备或擅长抽象思维、理论思维
- 挑战自我、挑战身边的人和挑战常态
- 希望能带来深远影响（"cast a long shadow"）
- 不是那些需要纯技术，完全架构好的教程的学生
- 学会问自己万一实现了呢（What if it becomes possible？）

这些软性特质有时很难在申请审核过程中准确把握，但我以为作为申请人自己要仔细问自己，我是这样的人吗。因为如果你不是，你也许也有机会进入这个学校，但一来很难真正开心，二来你很难"恣意生长"（thrive），充分享受利用环境能提供给你的资源。这肯定是一个让你挑战自我的地方，因此更适合独立、喜欢高效的人。

你要确定你喜欢这样一个环境。

　　审核学生提交的作品集算是一个有效的筛选方式，他们分享了很多学生的申请作品集的样本，我自己印象最深的是一件时装设计，最惊艳的不是设计的服装的样子，而是细看之下，它是用面包片做成的，有点意外。我记得在微信上看到过一个帕森斯学生 Angela Luna 的毕业作品，不仅仅是很时尚的服装，脱下来可以很快折叠成一个帐篷，最初的灵感来源于叙利亚难民。理念是不一样的。

　　吸引并招收到了合适的学生，学校承诺"You are known as an individual, not as a number（你是作为个人来被看待的，不是作为一个数字）。"学校与 900 多家机构组织进行合作。学校提供实验室、工作中心，也提供很多展览、表演练习场地、4 个图书馆（同时和多校建立合作），力图建立一种多样的环境和氛围。学校拥有非常好的为学生未来的成功而建立的投入中心（Robust investment center for student success）。事实上也是毕业生起薪位列行业第一，当然这跟曼哈顿的地点有关联。

　　"Sleep to dream"是我这次访问帕森斯学院第一次听到的一个说法。它鼓励你去"Sleep to dream What can still be possible（让你不断梦想还有什么是可能的）"。

　　这款适合你吗？

培养专业人才的艺术学院
普拉特学院

2016 年参加完 IECA 春季大会后，我参加了 IECA 第一次专题访校——纽约的艺术院校。第一天的最后一个学校是普拉特艺术学院（Pratt）。和我同去的主要是家在纽约附近的一些资深顾问，很多已经在美国教育界和独立教育顾问领域工作过几十年了，也有来自加州的顾问，还有一位同样来自明州的专注于表演艺术类招生的顾问。和他们聊天很来劲，听他们讨论，Pratt 有很好的口碑，他们以前的学生只要来读 Pratt 的，都很喜欢这所学校。

很偶然，我的一个喜好艺术的学生，同时也喜欢科学，尤其是生物，我们研究之下觉得学建筑可以综合平衡他的两极爱好。他今年提前录取申请了 Pratt，得到了录取，在收到纸质录取信时，又意外收到 5 年每年 2 万美元的奖学金，一共 10 万美元，不错，很为他高兴。

学校简介

Pratt 的校园位于纽约布鲁克林，是如今布鲁克林三大院校之一：Pratt 艺术学院、哥伦比亚大学工程学院、纽约大学工程学院。我的一个学生现在纽约大学的布鲁克林校区学习游戏设计硕士。

为我们做介绍的是负责国际招生的 Lindsey，职位是国际招生副总监。她提到她和 2400 多名申请人打过交道。她自己是 Pratt 雕塑系的毕业生，是个校友。非常喜欢她戴的一个小小的月亮吊坠项链，很有艺术感。

她个人很反对列表式的申请与录取，而更喜欢了解孩子们想送什么样的作品来。

专业院系简介

据她介绍，Pratt 在工艺美术和工作室美术（绘画、雕塑等）领域位列第一，在世界艺术和设计前 50 名学院里位列第五，平面设计非常强。学院总共有 4500 名学生，其中 3145 名是本科生，27% 的学生是国际学生，来自 88 个不同国家。

她为我们针对 Pratt 的院系做了一些介绍，Pratt 有很多学院和专业，比如艺术学院、设计学院、建筑学院、文理学院等。还有很多专业细分，比如传播设计、时装设计、室内设计、电子艺术、工业设计、工艺、摄影、艺术和设计教育等。

• 时装设计专业竞争激烈，以工艺为基础，注重有远见的设计而不只是技能为基础，力推概念和生活方式。

- 电子艺术专业：涵盖 2D 动画、3D 动画、动作艺术、互动艺术、培养编程专家，大的动漫公司比如迪斯尼、Pixiar 一年两次访问校园招人。

- 工业设计专业：致力于产品设计，注重可持续性材料。

- 工艺专业：致力于培养技能，高年级有更多的自由，以推动创新。

- 摄影专业：是以非语言的方式讲故事，往往在杂志社（如名利场）和博物馆实习。

建筑学院是 5 年制本科，注重推进概念，注重可带来社会影响的建筑设计。除了建筑专业，还设有建设管理专业（Construction Management），这是一个职业倾向性较强的专业。

- 不是设计师，不是建筑师，但热爱建筑和建设。
- 100% 的就业率。
- 非常国际化，申请者来自世界各地。
- 白领，收入很好。
- 房地产业开发者。

文理学院可以学习艺术和设计历史，有 BFA 和 BA 的学位。同时为学习艺术的学生提供文化类课程的研习机会。在 BFA 中，都是小班，10 个学生，需要直接上手，要求实习，拥有广泛的选择。

根据我学生后来的反馈，校园很美，但少有时间享受，学习强度真的很大，进门易（其实也不易），毕业难。

因为每一个专业的强度较大，所以不能申请双学位。

学生生活

92% 的大一学生住在校园里，52% 的高年级学生住在校园里。如果在 5 月 1 日前交住宿押金，住宿是有保障的。

申请和招生

学生作品集可以向 Pratt 的招生人员直接寻求反馈。作品提交用 Slide room（资料室），不要寄打印出来的作品集，招生人员是不会看的。

校　园

Pratt 的校园曾经是个制鞋厂，电机如今还在校园里，校园非常美丽，更像是一个公园，一个充满艺术感的公园。校园浓荫蔽日，古老的红砖建筑为大片的草地围绕，点缀着很多有艺术品位的大中型雕塑，像一个雕塑公园（见图 1）。

图书馆很有历史，一进门，我就注意到楼梯上扶栏上铁饰的花纹极为精美。随后带我们参观的学生导游告诉我们，楼梯扶栏铁饰

图1　普拉特的校园

和地板上的玻璃都是 1906 年由蒂梵尼（Tiffany）独家打造的，图案优美大方。我们不禁感慨，在这儿读书多么美好，校园如此带感。我的明州同事不禁发感慨，说我们都需要活上一千岁，这样我们才有机会把我们喜欢的大学一个一个都去一遍。

在我的感受里，帕森斯和 Pratt 都是很好的学院，但风格完全不同，帕森斯更都市化、更前卫、更职业（edgy, proactive, professional）。Pratt 更有校园感一些，给人很舒适的感觉，好像多一些厚重感。两所院校在不同的专业领域又各有千秋。

他们来对了地方 *

罗德岛设计学院

　　我参加过的最好的最大开眼界的一次 IECA 组织的校园游，是 2016 年春 IECA 年会后纽约的艺术院校专题游，是 IECA 的第一次主题游，也是我第一次接触艺术类院校。那次专题游是由纽约大学帝势艺术学院负责戏剧招生的 Chris 安排的，他自己也是 IECA 成员，IECA 成员彼此间更多是互助而不是竞争，我后来也承蒙他答疑解惑过一些问题，很感激。那次我们一次性参观了 6 所纽约的艺术院校，包括帕森斯学院和普拉特学院，后来我都有记录并在公众号发布。朋友后来还转给我一个曾在帕森斯教书的朋友的评论，认可我对帕森斯的看法，给我很大的鼓励。在过去的这个申请季，我的一个学生得到了 Pratt 的录取和奖学金，并已经决定就读 Pratt。我对自己说，2017 年我一定要去实地参观艺术类院校综合排名第一的罗得岛设计学院（RISD），体会这几所学院有何不同。

　　我去了。我的 RISD（发 R–I–S–Dee 的音）访问一开始有点

---

*　　Shirley 记于 2018 年 3 月 15 日。

／"面试"美国大学

小曲折，尽管我早早上网注册 RISD 信息介绍会，但人数已满。无奈之下，我先发一封电邮去陈情，第二天又直接打电话到招生办公室，说明我只能在罗德岛待一天，下一次又遥遥无期。接电话的女士同情我的境遇，同意我到时直接到招生办公室参加介绍会，同时她告诉我，因为我不是通过系统订的，她无法给我发确认的电邮。我着意留心要了她的名字。刚挂电话，就收到回复电邮说尽管同情我的情况，他们无法让我参加介绍会和校园参观，我马上回电邮说 Christi 已经在电话上同意我来了。4 月 11 日在纽约办完事，我连夜驱车去了罗德岛，心想既然已经到了 RISD 门口，我一定要完成参观的心愿。12 日一早参观完布朗大学，午饭后，我从布朗往坡上走，刻意提前了半小时来到 RISD 招生办公室所在的 Waterman Hall，这也是 RISD 建校之初唯一的建筑。登记名单上果然没有我，但负责人记得我的电邮和电话，允许我参加介绍会。庆幸我到得早，之后每个人都是和名单对照后才带进来。很快会议室坐满了人，他们就关上门谢绝进入了。在此提醒去访校的学生和家庭务必事先做好登记。

　　RISD 在一个山坡上，校园从山顶铺开，坡上坡下都有。作为一个艺术院校，是有一些不一样的地方，比如说它有自己的高质量的博物馆和画廊。匆匆一天中，我最终没有时间去参观，说明我还得再来。它的图书馆在山脚下，在往市中心去的方向，从山上下来，先得跨过普罗维登斯河，才能到图书馆门前。我很喜欢 RISD 的图书馆，它既高大上，中间又有和别的图书馆不一样的设计，它的中间是一个完整的空间，我们参观时，这个空间被设计成一个独立的展厅。当时正在进行一个皮制品设计展，美仑美奂，正对着这个展览，是一个像阶梯教室一样的设计，中空地立在硕大的图书馆空间里，拾级而上，可以俯瞰整个图书馆内空间，蛮有视觉冲击。参观结束时，我就爬到台阶顶端，找个书桌坐下来，尽情地被冲击了一下。2017年9月，也是参观将近5个月过后，我第一次尝试坐下来把我的感受记录成文，如今将近一年过去了，当我再次坐下来，我问自己，RISD给我留下了哪些持久的尤其是和别的大学不一样的印象呢？

无处不在的学生作品展示

高质量可能才是关键词吧，开介绍会的办公室，我一走进去，就被壁炉上的四幅画吸引住了，直接走过去坐到画下面，了解到都是学生的作品，心中有点惊艳。走在校园里，时时撞见抱着自己作品的学生，很多作品看上去还不是成品，有一个学生抱着自己做的一头纸质的猪，整体是一头猪，但细看之下，猪的身体是由一个一个很小的多边形集合而成，有意思。小导游很肯定地说，应该是一年级基础课的作业。

艺术感觉的点点滴滴

招生办公楼洗手间的窗是落地的，下半部分是毛玻璃，窗外是婆娑的树枝，本身如一幅画。随随便便一个校园地下通道入口，细看之下，顶端是一个平躺的人的雕塑。

无处不在的工作室

除了参观各种工作室，给我留下深刻印象的是学生宿舍区都配有较大型的工作室，这样学生晚上也可以在宿舍的工作室内工作而不用来回搬运自己的作品，尤其考虑到新英格兰的冬天会很冷，晚上就更冷了。

学生工作室（画室）采光很好，有大量的自然光，里面的学生自由地散开，以自己最舒服的样子做画，有的在画板上画，有的直接把画纸铺墙上画，有的俯身在矮矮的低桌上画，有的在地上摊开来画，都非常投入、自如。

电脑工作室里在电脑上工作的学生都无比投入，投入到我们走过时完全不曾分心留意。刚好有些学生正在放松，就热情地和我们对话，都很自在。无论是碰到的哪一拨学生，都给人一种感觉：They are in the right place（他们待对了地方）。在工作室里，大家尽管待在同一间屋子里，但每个人对自己的工作都如此投入，几乎都有些"忘我"的感觉。而每个人画的东西、制作的东西又如此不同。

自然实验室——给学生提供机会师法自然，这是 RISD 独有的设施与资源，融标本室、图书馆、工作室于一体，给我们留下了很深的印象。里面各类动植物标本品种齐聚，从蜘蛛、蝴蝶到熊，

他们来对了地方 ╱

还有人体骨骼。我们参观时，有不少学生正在实验室里现场写生创作（见图1）。

图1　罗德岛设计学院师法自然实验室

　　走在校园里，我的另一个感受是，在这儿学习应该是有压力的，尽管我们碰到的孩子们都开开心心的，但大多数校园里行走的学生都是匆匆忙忙的，碰到的孩子们也多多少少在忙着些什么。没有随随便便的成功，这句话一定是真理。来这儿，最好你真的喜欢艺术。无论干什么，干好了都要付出巨大努力。只有喜欢、努力和辛苦才有可能觉得享受。RISD，作为艺术设计专业的黄埔军校，的确是专业人员的好去处，但选择前一定要想清楚。

除了参观校园的这些点滴感受，通过介绍会中小导游的自身分享，和我自己前前后后做的关于 RISD 的调研和思考，我认为 RISD 培养的学生在专业方面能得到肯定，跟它的教育理念和做法直接相关。在这一方面，我认为需要强调一下 RISD 针对学生在第一年所接受的实验性学习和基础学习（简称为 EFS）。以下的一些信息是我根据 RISD 的介绍材料、网站和自己体验的一些总结。以 RISD 官网信息为主 ①，有些是直译。当然，我对 RISD 的了解毕竟还是很肤浅，一家之言，还是要强调兼听则明。

RISD 认为大一的本科学生会从对 RISD 工作室学习方式的共同了解和认知中受益，因而致力于建立这种共识。基于这个办学理念，所有的一年级学生都按照同样的工作室教程进行学习，称作实验性学习和基础学习。以下三类课程的每一类课程每周有一整天大家聚在一起，同时学生需要在课外完成一系列有挑战的作业。老师和学生紧密合作，随时为学生提供指导和反馈。集体点评给学生提供重要的机会来展示自己的作品并支持同伴们的努力。

第一年工作室课程分三类：绘画、设计、空间动态关系研究。

绘画类课程。在 RISD，学生们练习绘画同时有两个作用：一是

---

① 来源：https://www.risd.edu/academics/experimental-and-foundation-studies/。

作为一个研究世界的有效方式；二是作为一个至关重要的练习艺术设计的固有活动。工作室成为一个多种多样、富有挑战性的活动实验室。在这里，学生们可以深入了解并研究各种材料，做出各种设想，想出新的点子，并对观察到的世界从自己的角度进行诠释。

设计类课程。在设计室，学生们探索如何把视觉以及其他感官感知的因素组织在一起来理解感觉上的特点以及通过物体、空间和体验来传递有意义的信息。

空间动态关系研究类课程。这种课程以工作室为基础，对物理、空间和时间现象进行研究。学生们通过一系列模拟过程和数字化过程来探索物理、空间和时间现象。

老师们强调帮助学生发展建立严谨的思辨能力并鼓励学生们独立学习。所有项目都经过刻意设计用以鼓励学生们探索，提出疑问并冒险。每个项目结束时，都会进行研讨，这样学生们有机会讨论他们的表达意图与展示实施过程，并且对他们的作品在展示与传达他们想法和情感方面进行反思。

学生们似乎很认可自己的 EFS 经历。

"EFS 正是我来 RISD 所需要的。我们制作了如此广泛的不一样的作品。这儿所有的学生都这么聪明，他们的作品如此多元、如此有感染力。教授们对概念化的抽象思维的注重使我们的作品有趣太多。而且我在思维上已经大大成长，远超我以为自己能达到的程度。这个过程很难，但充满趣味。"——Nevin Dunn RISD 一年级学生

"思辨地探索——挑战尚未被证实的假设是我们实验性和基础教育的核心，这一点同时也是不同专业和我们职业生活的一项持续性的必须。从最开始，我就告诉我的学生们，在 RISD，对他们的期望值就是他需要完全浸淫在思考和制作他们的作品中，活在他们的作品中。这就是真实的 RISD 体验。RISD 的文化就是大量的高强度的工作室工作，但对大部分学生来讲，也正是他们的美梦成真。"Shawn Greenlee（RISD 副教授和项目负责人）说。作为一个旁观者，我对于这位教授的想法很是赞同。同时很重要的一点，学生要弄清楚自己是否真的热爱这样的教育。如果你心里并不真的喜欢，在 RISD 学习会有不小的压力，日子会过得很难很痛苦。

和 RISD 的具体专业研究不一样，EFS 进行学科和专业间的对比和合并。它所提供的是一种通过跨学科的途径来学习工作室制作最根本的概念，并同时强调过程、实验、批判性思维和制作技能。

RISD 提供的专业方向很广，比如服装设计、建筑、电子媒体、电影、家具设计、平面设计、绘画、工业设计、室内建筑、珠宝设计、园林建筑、印刷、雕塑、瓷器、玻璃、纺织品、艺术史等，专业性很强，我记得我们开始参观前，学校仔细询问我们感兴趣的专业方向，我们后来组成不同的参观人群，我参加的是学工业设计专业的小导游带领的参观。不同的专业方向，虽然会有不少共通的参观点，但需要参观了解的情况和资源也会有不一样。

参观完 RISD 当天，我把一些照片分享在微信朋友圈里，有学生家长留言问我："你个人感觉 RISD、Parsons、Pratt 专业水平哪个第一呀？"我说："很难一概而论啊。比如看专业，总体罗德岛，时装 Parsons，平面设计可能 Pratt 吧。RISD 还有个布朗优势，纽约本身会刺激人，不一样。"家长不满意，又接着问："你自己更喜欢谁呢？"我说："我不是艺术类人士，没有绝对性，看孩子，我喜欢 Parsons 的 edgy 和 professionalism，非常喜欢 Pratt 的校园，但如果我学摄影，RISD 要我，我来这儿。我不相信绝对，越来越相信 FIT。"今天再看看，说的是我的心理话，以此作结吧。

／"面试"美国大学

为什么不改变世界呢？*

伦斯勒理工学院

2017 年 12 月中一个傍晚，我向儿子隆重推荐一家新开发的餐馆，带他去的路上，心中却很忐忑，因为在等一个学生的 ED（提前录取）结果。虽然我内心认定他和这所大学是绝配，但从申请的角度来讲，他只有 50/50 的概率。餐厅很受欢迎，人潮涌动，我低头无心地滑动手机屏幕，然后就看到了学生发来的信息："录了！"在喧嚣嘈杂的人群中，我不自觉地振臂高呼，吓了儿子一大跳。这所大学就是 RPI，伦斯勒理工学院，英文全称 Rensselaer Polytechnic Institute。

我与 RPI 的渊源

2016 年 6 月，我到费城参加美国高等教育协会（HECA）的年会，很多介绍和讨论会让我受益匪浅。其中最让我兴奋的是来自

---

* Shirley 访校于 2017 年 10 月，记于 2018 年 2 月寒冷的明州。

RPI 工程学院副院长的一个关于什么人适合学工程，应该如何学习工程的讲座。我后来和不少有学习工程倾向的学生分享过他的 PPT 和我的心得体会，然后一起讨论这到底是不是适合他们的一条路。他有一张 PPT 专门讲那些好的（快乐的）工程师所具备的特质，我和我每一个计划学习工程的学生都分享过。

- 从解决挑战性难题中获取满足感
- 有创造力
- 善于根据目标和条件不断调整适应（原文一个词 adaptive，我根据理解意译的，能够自我调整以适应新的条件或为新的目的和用途不断修改调整）
- 批判性思维
- 具备抽象思考能力
- 喜欢团队协作
- 喜欢数学

他也向我们指出好的工程师是 T 字型人才，在一个领域专精深入，同时必须进行跨领域跨学科的关联与合作。他用航天飞机的设计制造为例，指出航空工程、电子计算机工程、材料工程还有民用工程领域的专业知识缺一不可，必须通力合作。他也以自己为例，他大学学的是航空工程，但如今做得最多的项目是在医疗领域利用

/"面试"美国大学

工程学提供帮助药物瞄准癌细胞的解决方案，他太太也是工程师，如今是远程手术方面的行业带头人，但他们都不是学习医疗工程出身的。如今医疗医药工程无比热门，就业形势火热，但他的忠告却是我们中国古人所云"欲速则不达"，他仍认为先掌握基本的工程知识技能与思维，再加生物医药方面的知识是一条乍一看不够迅速但长远却能帮助你把专业做到更好的途径。以我自己职场经验，深为赞同，而一个人能够往远了看，值得敬佩。又是中国古话"没有远虑，必有近忧"，然也。

因为有机会"听君一席话，胜读十年书"，RPI 从此留在了我的"雷达屏幕"上。

那天会后 RPI 在酒店举行了酒会，除了这位院长，整个招生团队都来了。除了去找这位院长问问题，也向招生人员了解了国际学生录取的情况。Happy Hour 相当的 happy。

RPI 的历史与辉煌

因为不算纯粹的综合类大学，严重偏理工，RPI 在国内的知名度相对小些。但它确实是全美顶尖的理工类大学之一。全球最受雇主认可的五所理工类高校中，位列第四，排在了伯克利之前，当然这也是一家之言，伯克利学生与家长别扔鸡蛋。前三所如雷贯耳：加州理工、麻省理工、斯坦福。

伦斯勒建于 1824 年，由当年的美国首富、纽约州副总督伦斯勒

为 什 么 不 改 变 世 界 呢 ？ /

121

先生创办，是美国事实上英语国家历史上第一所理工科大学，2017年美国新闻排名第 39 位。更有意思的是，也算是无心插柳吧，RPI的学生直接或间接地奠定了美国理工教育的基础，无论是麻省理工，还是耶鲁大学的科学和应用科学学院，后来几乎美国所有的科学学术研究机构，都是由 RPI 的毕业生创立的。所以，RPI 是当之无愧的美国理工教育的基石。第二次世界大战期间，该校为美国军队的科研工作，输送了大量的人才。如今 RPI 的教授中还有 6 名是美国国家发明家名人堂[①]的成员。

说到 RPI，不可能不提到它在美国航空航天领域做出的巨大贡献。它的校旗是美国国旗之外唯一插上月球土壤的旗帜。首次把人类送上月球的"阿波罗 11"计划的总指挥，美国宇航局的 George Low 是 RPI 校友，他后来也成为 RPI 第 14 任校长，帮助把 RPI 的教育带入 21 世纪。航空航天专业一直是 RPI 最强的专业，也是我的这位学生申请并被录取的专业。

RPI 和很多美国著名公司，比如通用电气、通用汽车、朗讯科技、IBM 等都有着广泛的双向联系。一方面 RPI 为他们输送高端人才，一方面从这些公司获得支持、资助和项目。RPI 拥有美国高校第一个高科技公司孵化中心，也是美国现有数百个孵化器中最好的

---

① 美国国家发明家名人堂（the National Inventors Hall of Fame）由美国专利商标局和美国国家知识产权法律协会于 1973 年建立，名人堂表彰那些实现重大技术进步，推动人类、社会和经济发展的人。

一个，为学生和校友提供实践、创业的机会。这儿有新落成的生物科技中心以及新的研究设施。RPI 和 IBM 纽约州合作建立的装有超级计算机的 CCI（Center for Computation and Innovation，计算和创新中心）离校园不到 5 英里。因为 RPI 研究设施的设备太先进，没有事先的 clearance（背景调查与通过）还参观不了我最想参观的高端实验室，2017 年 10 月的参观是临时决定，是为了帮助我的学生决定是否 ED 这所学校，来不及做 clearance，让我深深遗憾。这下有理由再访 RPI 了，美其名曰访问学生。

学术特点

RPI 有五个学院：建筑学院、工程学院、人文学院、管理学院和科学院。学校的信息技术和网络科技的跨学科学位非常受欢迎，学生毕业匹配专业就业率 100%，平均起薪 8.4 万美元，在本科毕业生中还是很难得的。RPI 提供 100 多个学习项目、1000 多门课程，学位也是覆盖本科、研究生，直到博士。

我个人对于 RPI 的好感，最多来自对它教育理念的赞成，尤其是科学学习与教育方面。RPI 是教学与科研紧密结合，从实际项目、实际动手来进行学习的先驱与典范。学校有大量的实验室，同时和许多高科技公司有持续性的合作，所以学生可以在老师的辅导下在实验室和教室学习、实验、总结、提升、再实验、再总结、再提升。我个人始终认为这是最好也是唯一的最有效的科学类学习的途径。

为 什 么 不 改 变 世 界 呢 ？ /

123

RPI 也正因为它先进的教学设施、理论和实际紧密结合的严谨学风，而在美国教育界、学术界和工程技术界为人推崇。

RPI 最负盛名的肯定是工程学院，又以航空工程尤负盛名。工程学院也是它最大的学院。它的工程学院一共有 11 个不同的细分的工程专业领域，还特设有一个未确定路径。大学的前 3 个学期，学校的工程教育更多是一致的，不论你的具体细分专业如何（treat you like no specific track），就算你有预选的细分专业，之后也可以改。工程专业的学习包含了大量的实验室工作，学生也可以修习双专业，可以有 148 种不同组合，还可以本硕连读。

科学学院是第二大学院，其中的物理专业很强。

RPI 在人机互动、人工智能、机器学习、游戏模拟（电脑游戏设计）方面都有不错的项目，其中游戏模拟他们自称是全美第一。

RPI 的建筑学院，尤其是本科项目一直位列全美前 10 名。

RPI 的商学院是独特的，有更多科技的影响，有 8 个方向（侧重），学生也很受雇主欢迎。它的企业管理和战略专业一度被商业周刊评为全美第一。其创业学科、信息技术及金融技术管理专业也备受推崇。

校园印象

我是 2017 年 10 月初实地考察的 RPI。我一早定好去弗吉尼亚州参加美高学生的家长会，因为申本学生面临 11 月 1 日是否 ED RPI 的决定，临时加了一段机票，先飞纽约州陪学生实地考察 RPI。

一般情况下，我会为家庭和学生提供建议并帮忙联络安排校园访问，但很少有时间实际陪孩子访校。特例就是在美高读书的学生，如果面临是否 ED 一所大学，我和学生又都没有现成的实地体验，如果能安排得过来我会考虑直接陪孩子去访校。原因也很简单，ED 是有后果的，我不希望任何人留下遗憾。

我很开心和学生 R 一起考察了 RPI。学校在山上，从标志性的 West Hall 出发，不断攀爬向上，扎扎实实的拉练啊。非常经典的新英格兰的传统校园，以红砖建筑为主，间以绿色的草坪。秋色正盛，尽管天是阴的，但仍然彩叶缤纷，配上砖红的建筑，蛮养眼。因为校园主要在山顶高处，视野开阔，从学校不少的建筑和草坪上可以一览 Troy（特洛伊市）和周边风光，正是秋叶烂漫的季节，这幅全景图值得一看。

除了红砖房，校园里也有更现代的建筑，比如生物科技研究中心，很现代的设计，屋顶一长溜的玻璃天窗，天光自然下泄，里面很多高科技实验室，可惜因为没有 Clearance，无法进去参观，是最大的遗憾。

校园中心还有一座教堂式的建筑。历史上最初真的是一座教堂，后来成为 RPI 的图书馆，如今是 RPI 的计算中心。这座教堂式的计算中心，连前校长 George Low 都评论"是世界上最独特的计算中心"。

当然真正让我们倾心的还是 Curtis EMPAC 中心（柯蒂斯实验媒体和表演艺术中心）。这个建筑是由 RPI 校友——英伟达（NVIDIA）

公司合伙创始人 Curtis Priem 捐资 4000 万美元建立的。这个建筑建在山顶边缘，正好俯瞰整个山谷、平原和 Troy 的全景，视野极好。建筑内的音乐厅，外形近乎一个太空舱的感觉，很有未来感，音乐厅外的玻璃外层，将建筑外的风景自然引入，室内外和谐融合（见图 1）。真正珍贵的是音乐厅本身，它是世界上仅有的两个声学最完美的音乐厅之一，另一个在德国。进入音乐厅有

图1　伦斯勒理工学院的音乐厅

登入太空舱的感受。里面可以坐 1200 人，整个内壁由许多曲面组成。据 RPI 学生导游介绍，每一面都可以调节以达到最佳音响效果，每个座椅下都有独立的空调，由座椅对人体和环境的感知来调节。

申请经历

因为偏理科、偏工程，RPI 学生的整体标考成绩较高，同时由于越来越多的人认识到 RPI 教育的价值，这些年入学的标考分数水涨船高。我的学生作为国际学生，标考并不突出，即使相对于整体录取人群（不只是国际学生），他的标考并没有达到中线，还有一定距离，但他的优势也非常明显，他的数学很不错，英语口头沟通很流畅，他是真的热爱无人机制作，真的肯动手，有想法，肯尝试。RPI 工程副院长关于优秀的、快乐的工程师的 PPT 上的每一条，他都完美 match。他是一个有梦想也肯努力的年轻人，而他感兴趣的领域正是 RPI 最强的领域。他对梦想的追求并没有停留在梦想阶段，高中期间就着手追梦，即使受伤也不改初衷。除了标考，他的这一切优势都通过申请材料的其他部分、通过访校、通过与学校的沟通充分展示了出来。参观 RPI 时，最让他兴奋的是实验室，动手实验，直接参与项目的机会，以及 RPI 课堂与大量实践结合的教学方式。最让他遗憾的（我也一样）是因为没来得及做 clearance，而无法参观最高端的实验室和实验设备。

可能因为学校相对小些，和一般的本科申请不一样，更像文理学院的申请，RPI 的招生团队愿意花时间和申请学生沟通，也愿意和独立教育顾问直接接触，尤其是和 HECA 协会渊源较深。其实动因也不难理解，因为对于学生数量较少的学校，名额有限，更在意录取的学生是否合适（FIT），找到合适的学生无论对于学生还是对于学校来讲都是双赢，还可以提升入学率（yield）和学生的维持率①（retention rate）。还有一个原因可能是，真正符合美国这边资质的独立教育顾问受行业协会的规章与职业道德制约，更能让学校信任。参观完 RPI 后，我的学生非常喜欢，但因为没能参观到高端的实验室，他的心里还是有些犹豫，毕竟是重要的决定。我找到之前联络过的 RPI 招生人员（我过去也有学生 RD 录了 RPI，但没去），她帮助我们联系上了一名在读的高年级航空工程学生。跟这名 RPI 学生的直接交流帮助我的学生解答了很多疑问，在他信任的高中老师的鼓励下，他很快下了决心——ED 申请。在我眼里，他和 RPI 真的是绝配。我特别开心 RPI 能够越过标考这个单一的点，更全面综合地看到这个年轻人的素质、能力和潜力，看到他的超高匹配度。当然，因为是理工院校和强势专业，大学学习绝对不轻松。其实无论选择做什么，要做好都需要付出巨大的努力，这也是为什么要选择自己热爱的领域，努力的同时，虽然辛苦，但

---

① 维持率是指每个学年学生在假期后返校继续学习的比例，是用来考察学校教学水平的一个指标。

／ "面试" 美国大学

是乐在其中。

RPI 的校训是"Why not change the world？"对呀，为什么不改变世界呢？ Musk 的 Tesla 车都上了地球 – 火星轨道了，让我们一起改变世界吧！

性别不是用来克服的 *
史密斯学院

___

　　2016 年波士顿的春天来得晚，5 月仍是阴冷的天。这次参观史密斯女子学院、韦斯利女子学院和欧林（OLIN）工程学院。今天的参观对我震动很大，三所学院都很出色但又如此不同，让人不得不进一步深思 FIT（匹配）的含义。我可以想象不同类型的学生在其中一所学院如鱼得水，但在另一所学院格格不入而深感痛苦。深入了解自己，深入了解大学，找到自己的位置，以前也觉得重要，但如今更显出前所未有的重要性。

　　因为史密斯学院较远，一大早七点两辆大巴准时从酒店出发。两小时后，我们到达史密斯学院。参观时开始下起了小雨。校园是典型的新英格兰风格。尽管天阴着，枝头春花要么已经盛开，要么含苞待放，配上树木和草地里的新绿、校园的红砖房，煞是美丽。

___

*　Shirley 记于 2016 年 5 月 2 日，波士顿。

史密斯学院是阿姆赫斯特学院（Amherst）、Hampshire、Mount Holyoke 和麻省大学阿姆赫斯特分校（UMass）五校联盟大学之一，五校的学生可以免费互相选课。46% 的史密斯学院学生到其他学校选课，有免费公车运送学生。

史密斯学院是女子学院里最大的一所，也是第一个提供工程专业的女子大学。如今 40% 的在校学生选择了科学类专业，包括数学、工程和其他科学专业。女生在女子学院学科学可以避免双重标准，不会有人问"你一个女孩子为什么学工程呀"之类的问题。

整个学校的风格是合作而不是竞争。尽管史密斯学院奉行开放式教程，学生可以拥有极大自由度选课，但密集型写作课还是必修的。

学校意识到实习对未来就业的重要性，保证为大二以上的学生提供或找到有收入的实习机会。

作为一枚资深吃货，我对于美国著名菜谱作者和电视烹饪节目名人 Julia Child（茱莉亚·柴尔德）这名校友尤为感兴趣，她陪外交官的先生在法国居住多年，对于在美推广法式烹饪起了很大作用。详情请见梅丽尔·思翠普主演的电影《茱莉亚和朱丽叶》。现在校园里还有茱莉亚·柴尔德日，供学生们大快朵颐，备受欢迎。

史密斯的学生住在单栋房子（house）里而不是宿舍楼里，一半以上的学生在一所房子里一住就是 4 年，彼此感情深厚。有校友甚至为每所房子都配置了钢琴。

参观完校园，大家在湖畔的大厅内休息，听取招生主任的发言。招生主任 Deb 让大家印象深刻，非常棒的演讲者，她发完言，我直接趋前对她说："你真了不起（You are amazing）。"她直接总结了史密斯学院的几大优势，包括上面已提到的开放式教程、五校联盟、科学方面的优势、住家体系、实习等等。她最后提到了作为女子学院的优势和挑战，她理解女子学院的一个好处是：对于女生来讲，领导力变成一个习惯。从女子学院毕业，女性自然而然相信她们拥有自己的声音。很多女生会担心在女子学院错过碰到男生的机会。她指出，事实上，有太多机会与男生打交道，又开玩笑说道"18~20 years old man, not your shining moment yet"（18~20 岁的小伙子，他们闪亮的年纪还没到呢"），引来满堂会心的哄笑，包括在场的男士。很喜欢她最后一句话：史密斯学院是这样一个地方"Where gender is something to celebrate, not to overcome"（性别是用来庆祝的，而不是用来克服的），我的中文翻译没完全捕捉到原文的意思，但至少后半句的意思到了。

／ "面试"美国大学

加油，哈士奇！[*]

康涅狄格大学

　　2017 年 9 月 17 日下午，我从波士顿驱车来到康涅狄格大学
（University of Connecticut）校园，正赶上 Mansfield 节^①庆祝，
音乐、人群、热闹非凡。虽然已是秋天，但当天非常温暖，甚至是
热，感觉是夏天。1998 年 9 月 18 日，是我赴美的第一天，也是我
来到这个校园的第一天，转眼已经 19 年过去了。原本希望 9 月 18
日重返校园，给自己点仪式感，19 年，画个圈，回到原点。但 18
日需要去学生的学校，只好提前一天故地重游。

　　天很蓝，云很白，草很绿，镜湖的水面倒映着蓝天白云绿树，
校园很亲切，有些建筑当年就在，也一直在我的记忆里。比如图书
馆，和我们当年上课的教学楼、篮球馆，当年曾在此迎接从 NCAA
凯旋的冠军男子篮球队。还有一些是全新的建筑，比如全新的商学
院大楼、康大的新书店，这家书店在我参观过的六七十所大学里可

---

* 　Shirley 于 2017 年 9 月访校并记于明州家中。
① 　Mansfield 是康大所在的一处地名。

能是最大的一间，也比我记忆中的书店大了很多。还有一个就在校园里全新的完整的商业区：商店、银行、咖啡馆、餐厅，在我眼里，整个就是拔地而起。

我找到了自己当年刚来学校时拍照的旧址，被一大片绿色的草坪围绕着，19年了，自然老了，也胖了，当时周边一个人都没有，只好自己驾着手机，自拍了一张，给自己一个纪念。

图1　1998年作者在UCONN　　　图2　2017年作者在UCONN

UCONN 基本信息

康涅狄格大学，我们都亲切地称它 UCONN，是一所公立大学，是新英格兰地区最好的公立大学，全美最好的公立大学排第18

位。建校于 1881 年，拥有六个校园：Avery Point、Hartford、Stamford、Torrington、Waterbury、Storrs，它们都位于康州，其中 Storrs 是主校区。我只在 Storrs 校区待过，但有朋友在 Stamford 校区和 Hartford 校区学习过。Storrs 是一个小的大学城，只有 1 万多名居民，但学生超过 1 万人。从 Storrs 校区开车到康州首府哈特福德（Hartford）半小时，到罗德岛首府（Providence）1 个小时多点，到麻省首府波士顿 1.5 个小时，都还算方便，这三条线路我都曾走过不止一次。

在 2017 年美国新闻（U.S.News）全美综合大学总排名中，UCONN 位列第 56 名，与西雅图的华盛顿大学和德州大学奥斯汀分校并列，这些年 UCONN 的排名呈上升趋势。UCONN 校友遍及各行各业，尤其在新英格地区根基深厚，该地区各类公司的管理层中有大量的 UCONN 校友。

UCONN 学术

康大是一个非常注重研究的学校，是卡耐基基金会指定的 I 类研究性公立大学之一。除了各科院系外，还有 70 多个研究中心。UCONN 的发展和康州政府的巨大投入密不可分，1995 年康州政府就通过了一个支持 UCONN 发展的 10 亿美元的 10 年计划，2002 年又通过额外的 13 亿美元投入并已实施。这 23 亿美元占了康州政府公立大学支持资金的绝大部分，计划名为 "21 世纪的 UCONN"。

2013 年，康州政府又启动"新一代康涅狄格"计划，10 年内给 UCONN 15 亿美元资金，进一步提升了康大在 STEM 方面的学科水平。同时校友捐款也一直很踊跃，校友捐款比率在全美大学中排名第七，这在公立大学中还是很难得的。

康大的教育专业、初级教育专业、特殊教育专业一直很强。商学院发展迅速，在全美排前 50 名，尤其以极高的性价比而知名。

康大的精算学专业隶属于数学系，众多毕业生遍及各大保险公司、银行、咨询公司及其他金融企业从事精算相关领域的工作。The Hartford、Mass Mutual、Cigna、Aetna、Prudential、Travelers' 等全美知名保险公司都是精算系的赞助人。我的 UCONN 朋友中有不少曾就读数学系，后考了精算证书，从事精算工作。曾有老美朋友在我面前洋洋自得地说自己考过了几门精算考试，但我实在无法对他肃然起敬，因为我的 UCONN 朋友都考过了 8 门，还是飞快地考过的，他们才是真牛人啊。

UCONN 体育

UCONN 最有名的一直是它的体育。它的运动队通称 "HUSKIES"（哈士奇）。UCONN 的男女篮球、美式足球、足球、冰球均在专业队伍里闪耀出色，常年在 NCAA（美国大学运动员协会）比赛中傲视群雄。HUSKIES 一共赢得过 21 个 NCAA 全国冠军。尤其是它的男女篮球队，在美国如雷贯耳。

女子篮球队多年一统天下，曾在 1995~2016 年获得 11 次冠军，17 次打入四强，有六个赛季无败绩，其教练带有传奇色彩。男子篮球在 1999 年、2004 年、2011 年、2014 年赢得冠军。2014 年 UCONN 哈士奇获得 NCAA 篮球男女双料冠军。

我曾在 UCONN 待过一年，还清楚地记得 1999 年初男子篮球打入四强（Final Four）后，唱着进行曲从窗下走过。等到那年拿到冠军，整个校园都沸腾了。那时我们住在校外，晚上开车进校园，无数人扑上来拍打我们的车，我们也一起使劲按喇叭起哄，无比欢乐。

UCONN 是职业运动员的摇篮，为美国职业联赛输送了大量的人才。1999 年的篮球明星是 Richard Hamilton，当年我转学去了华盛顿的乔治城大学，他也去了华盛顿的魔术师队（Wizard）。2004 年他曾协助底特律活塞队取得冠军。我有时"恬不知耻"地吹嘘自己是 UCONN 篮球的"幸运星"，我在的时候 UCONN 男子篮球就得了冠军，哈哈。对于热爱体育运动的学生，尤其是篮球，尤其是爱看篮球比赛的，UCONN 是个让你热血沸腾的精神家园。

康州和新英格地区的扎实根基

UCONN 知名校友有个长长的名单，熠熠生辉，横跨政商科学体育各界，比如巴克莱的前总裁兼 CEO Robert Diamond，沃尔玛美国运营的 CEO William Simon 等等。UCONN 的校友更是遍布新英格兰地区，尤其是康州，并延伸到纽约。康州是美国最富有的州之一，拥有许多老牌大公司，比如以哈特福德为中心的保险业：Hartford Insurance（哈特福德保险）、Traveler's Insurance（旅行者保险）；大型制造业，比如 UTC 联合科技下属的 Pratt & Whitney 等。我曾经对旅行者保险的一个职位感兴趣，但猎头告诉我简历就是递不进去。我在领英（LINKEDIN）上找到一个 UCONN 在旅行者保险工作的校友，他当时在 CEO 办公室工作，我直接给他写邮件请求帮助。那个校友比我高很多届，从不相识。他当时在出差，但回来后就立即给我回了邮件，回复说会尽心相助，在我收到他回邮后的半个小时内，我就收到旅行者保险人事部门打来的约面试的电话，就有这么神奇。

可能跟 UCONN 是体育大校有一定的关系，学生们的学校荣誉感和归属感较强。多年后的 2009 年在明州，我申请我前公司的市场战略与分析副总裁职位，调研之下，发现这个职位的老板，全球市场部的高级副总裁 Russ，是 UCONN 本科和研究生的双料校友。第一次面试见面，谈到 UCONN，大家都倍感亲切。Go Huskies！他后来多年为 UCONN 学生提供奖学金（给经济困难的学生），他曾给我看过一封华裔女孩写的感谢信。两周前我们相约见面时，他提到他资助的一个学生参与到美国航空航天署 JPL（喷气推进实验室）的研究项目中去了，他感到无比骄傲。还有一次我去缅因州的一个寄宿高中，和招生总监见面，一聊才知道，都在 UCONN 待过，两人击掌大喊一声"Go Huskies！"立马感觉亲近了许多。哈哈。

　　我自己在 UCONN 只待过短短一年，但不仅交了好些现在还在联系的真心朋友，职场多年以后还在不断享受 UCONN 校友所带来的更善意的对待，心中充满感念。

后　记

　　1998 年我赴美到 UCONN 读 MBA，但后来拿的是 Georgetown University（乔治城大学）的 MBA 学位，有读者也许要问怎么回事？我自己当年出国有不小的偶然性。偶然参加了托福考试，一年后又考了一次 GMAT，因为结果还不错，才决定申请。第一个录取我的是乔治城大学，但因为申请晚了，奖学金已分完。当年不比如今，没有奖学金，签证是很难的。乔治城招生人员就建议我延迟一年入学，这样第二年考虑奖学金分配时，我就在第一拨里。我接受了他们的建议，然后出门去西藏旅行。旅行回来收到 UCONN 的全奖，包括了生活费。顺利拿到签证来了美国。第二年年初，乔治城 MBA 联系上了我，给我免了 3/4 学费的奖学金，我就转学去了乔治城大学。如果你好奇我转学的决定，私信我吧，我来告诉你我当年是怎么想的。

通往美国医疗健康行业的阳关大道[*]
明尼苏达大学双城校区

明尼苏达大学（简称明大，University of Minnesota）是明州的公立大学，建校于1851年，是美国十大联盟（Big Ten Conference）的一员。明大拥有五个校园：Twin Cities、Crookton、Duluth、Rochester和Morris，都位于明州，其中双城（Twin Cities）是主校区，像很多大型公立大学一样，当我们谈论美国新闻排名时，其实只是指主校区，一般其他校区都没有在排名上。明大双城校区是明大系统里历史最悠久、规模最大的校区。双城是指明州首府圣保罗市（St. Paul）和明州最大城市明尼阿波利斯市（Minneapolis），两个城市紧紧相连，只由一条密西西比河从中分开，仿佛孪生小孩，故称双胞胎城，简称双城。同时明大双城校区有被密西西比河切分为东岸和西岸两个校区，横跨明市和圣保罗市。

---

[*]　原文记于2014年10月并发表在Shirley的"腾飞在美国"公众号上，文中数据仍沿用的旧数据，但针对明州的介绍稍作添加更新。

／ "面试" 美国大学

明大从建校到今天，已经出了近 30 位诺贝尔奖得主、1 位美国首席大法官以及多名位列美国财富 500 强企业的创始人。明大在很多学科领域都很强大，尤其是研究生院很强大。2014 年美国新闻（U.S.News）总排名第 71 名。在研究方面，Center of Measuring University Performance（大学业绩评估中心）把明大列入前 25 名。学科里有一些传统强势专业，比如一些在全美始终位列前 10 名的领域：化工、心理、经济、机械工程、医疗医药、公共卫生等。明大统计、教育、人力资源、信息管理、森林等专业和商学院也很强。教育预算常年位列公立大学的前几名，仅次于伯克利和密西根大学。明大校友和教授在化学、经济、生理、物理等领域多次获得诺贝尔奖。有意思的是，还有主修植物学的学生后来获得了诺贝尔和平奖，而鲍勃·迪伦获得了诺贝尔文学奖。很多划时代的发明在此诞生，比如心脏起搏器、第一个开胸心脏手术、黑匣子，还有专门治疗艾滋病的主要用药 Ziagen 等。这些发明的诞生除了和明大的医药医疗方面的强大有关，也和明州整体在医疗和公共健康方面的强大相关。总的来说，明大的研究生院相比本科更强大，所以在美国新闻世界大学排名中，因为更多考量研究生项目的质量，明大的排名比本科排名一般可以直升 30 名，当然这种比较没有实际意义。

　　明大有 7 个本科学院：文科学院、科学工程学院、教育与人类发展学院、卡尔森管理学院、生物科学学院、设计学院以及食品、农业和自然资源科学学院。本科录取时直接进入特定的学院学习。

明大近 7 万学生，5 万多在双城主校区，其中近 3 万是本科学生，这个数字还在增长。明大是美国学生人数第 6 多的大学。明大一共有超过 150 个本科专业，超过 200 个研究生和职业培训项目，是美国排名第 16 位的国际学生目的地，一共有 5000 多名国际学生，来自 140 多个国家。国际学生总体占比 10% 左右，双城校区更是占到了近 12%，非常多元化。

体 育

明大是个体育强校，篮球、美式足球，还有冰球都很不错。吉祥物是个金色的地老鼠，和威斯康辛大学是常年的对手。整个学校对自己的运动队有很强的自豪感。明大的冰球教练曾经带领美国队赢得了奥林匹克冠军。明大冰球队多次赢得全国冠军。国家队也多次从明州及明大选出国家队队员。明大的体育设施确实是超一流，无论是冰球馆，还是室外的美式足球场，校园里有几条街道两旁恨不得全是各色的体育运动设施。

因为就在本地，明大是我去得比较频繁的大学，也经常有活动前往参加。明大招生办专门为升学顾问提供过模拟录取的实战演练和讨论，我曾去参观过明大的学生学术支持体系和操作流程。因为这些活动，在我的感觉中，明大比一般的大学更亲切。而我身边很多朋友的孩子正在明大读书或已经毕业，原因很简单，本州学费比外州学费或私立大学的学费便宜多了。

明大有 30 个不同的学习生活社区（living-learning-community, LLC），注册的学生组织和俱乐部有近 700 个，这是之前的数据，现在也许已经超了。学校有十多种大类的体育活动供学生参与。现代化的室内健身中心让人印象深刻，层距极高，配有室内游泳池和水上运动中心，我自己也专门带着儿子去参加过校园游。校园里既有古老优美的建筑，也有全新的现代风格的建筑，设施完备。有巨大的学生活动中心，购物餐馆选项很多。我们参观时，学生们随意地散坐在大厅的沙发上，自在地干着各自的事情。

　　明大座落于大都市（Metro City），校园傍着密西西比河和双城，学生们不仅可以享受校园提供的环境，也能享受双城所提供的一切。2013 年，明大曾被美国个人理财杂志（Kilplinger'sPersonal Finance）和普林斯顿评论（Princeton Review）评为最物超所值的大学。

　　明州是美国的万湖之州，有 1 万多个湖。Minneapolis 附近就有 22 个美丽的湖，还有 150 多个公园。春夏秋很美，秋天更是童话中的璀璨世界，但冬季冷且长，和中国东北黑龙江中部差不多的纬度，冬天室外冷到零下 30~40℃度很正常。医疗保健业非常发达，最著名的梅约诊所就在明州。明州人寿命很长，有一种说法跟梅约诊所有关系。因为冬天寒冷，明尼阿波利斯市中心的高楼大厦都有回廊连起来，从一个楼去另一个楼不需要走出有暖气的建筑物。大中小学和公共的室外足球场冬天都会用充气大棚罩起来，里面有暖气，冬天来了，球照踢，步照跑。相对而言，明州人收入偏高但支出偏低，比如房价。关于我所在的明尼阿波利斯市，明大官网上就列举了种种好处。

- 连续 43 年评为最适合居住的城市，包括工作成长机会、教育、收入、医疗保健。
- 生活品质排名第 1（今年第 2，据经济发展和合作组织 OECD 评估），最健康的城市，最安全的城市。
- 适合生养孩子的城市（排名第 2）。
- 科技经济前 10 名。
- 最有文化的城市（排名第 3），根据学历、书店普及率、收入、报纸发行量等衡量标准。

第一条可能得补充一句冬天除外。受不了冬天室外的寒冷的可能不喜欢这里。作为重庆人，我觉得明州冬天好过。

我自己在大华府地区的弗吉利亚北部居住过 8 年，于 2007 年搬来明州，转眼我在明州生活的时日已经超过大华府地区。我热爱明州的夏秋两季，夏天湖中碧波荡漾，有海量的湖上和湖畔活动可以开展，景色美不胜收。秋天彩叶缤纷，明州植被特别好，走在路上，真的就是走在秋天的童话里，彩叶映着湖水，更是别样风情。

明州就业环境突出的好，是很多大企业的总部所在，包括财富 500 强中的 18 家企业，涵盖医疗类、零售类、食品类、银行金融类、科技材料类等行业。这 18 家公司里有一些比较知名的名字：General Mills，United Health（美国最大的医疗护理公司）、3M（世界知名的化工材料公司）、Target、Best Buy（零售业）、US Bank、Ameriprise（银行金融业）、Medtronics（美敦力，医疗器械）等。还有一些总部不在明州，但在明州拥有很大的业务和设施，起源于明州的公司，比如 Cargill（农业，世界第一）、富国银行（Wells Fargo）等。很多本地公司都注重培养本地生源，为明大设有专门的实习计划与召人的合作关系。我之前工作过的公司就和明大有合作，每年 10~11 月前往明大招第二年的暑期实习生，一般年底前一定会敲定第二年的实习生人选。我自己就曾经和我们公司的人事部门一起多次去明大参加求职推介和面试活动，介绍我们公司和我们的实习项目，也有明大学生在我的团队实习和后期进行全职工作。

除了良好的就业市场，双城一带也提供非常好的文化生活。明尼市博物馆（MIA）有北美最好的中国明清家具收藏，以及精美的各色中国瓷器、玉器、织物展示，有完整的中国书房、后花园、待客正厅和院落门楼实景重现。当然除了中国藏品，还有世界各国展品，以及大量专题展，参观免费。我自己就是 MIA 的常客。喜欢现代艺术的可以去沃克现代艺术中心，有号称纽约百老汇之外最佳剧场 Guthrie Theatre。明尼苏达交响乐团和美国最优秀的乐团相比毫不逊色，演出剧场更是美轮美奂。Target，Xcel Energy 中心除了为体育赛事提供场地，更是为一众明星提供了舞台，我自己去听过 Andrea Bossini 的演唱会。从 First Avenue（第一大道）音乐厅更是走出了太多美国流行音乐界的名人。除了鲍勃·迪伦本身就是明大学生，音乐才子 Prince 的家就在明市西郊（2018 年美国美式足球的超级碗在明尼阿波尼斯举行，Justin Timberblake 的中场表演还专门向 Prince 致敬）。另外也许不是每个人都知道，作曲和键盘演奏的名人雅尼也是明大校友。

最后我想再强调一下明大和明大周边环境在医疗健康领域的优势，明大自己就拥有许多相关院校中心，比如：专职医疗中心、牙医学院、医学院、护理学院、药学院、公共卫生学院、兽医学院，而医疗医药护理健康领域本身是明大的强项，而周边无论是梅约诊所，还是明州其他的大型诊疗体系，美国行业领先的医疗和医疗器械公司，与明大一起组成了很好的互助合作体系，一方面促进了明大相关学术领域的进步，另一方面为明大学生提供了更多的研究机会与就业机会。有志进入相关领域的学生，明大在这一方面还是很有吸引力的。

进入明大双城校区，也就一脚踏入了这个优质的医疗医药健康保健的行业体系。不仅可以学习、研究，也有更多更好的机会学以致用。如果这正是你感兴趣的领域，也可以是一种赢在起跑线吧？

你为什么奋斗？ *

圣母大学

　　圣母大学（University of Notre Dame）是一所天主教大学。虽然和乔治城大学（GU）同为天主教大学，但两者不太一样，乔治城大学在宗教方面几乎是完全开放与自由的，圣母大学的天主教氛围更浓厚一些，校园里天主教的影响更明显（见图1）。圣母大学的校园既大且美，占地1000多英亩，有两个湖，还有一大片森林。天主教徒在学生中占比很高，校园里除了各式教堂与教堂式建筑，还有一个专门的户外祈祷的地方。校园平整规距，点缀其间都是美丽的、风格突出的建筑。建筑围出一片片整洁碧绿的草坪，环以成熟的树林。校园如此美丽，校园所在的小镇却很一般，从小镇步入圣母校园，仿佛进入一个空中楼阁似的，有一点不真实感。

　　来圣母之前，我已听人提到过圣母强大的财会专业。仔细了解，

---

*　Shirley 访校于 2015 年 8 月，记于 2015 年 12 月 7 日明州。

图1

它的本科商学院曾连续多年被商业周刊评为第一。它的商学院的规模也较大，学生人数超过了一般文理学院整体的学生数量。美国金融机构100强的CEO中，本科毕业于圣母的人数最多，雄霸榜首。除了传统商学方面的强项，如会计、金融、管理等，还专门设有非营利组织管理学等方向。除了商学院，圣母还有自己的工程学院、建筑学院、艺术学院、神学院等。圣母大学学术严谨，学生的4年毕业率在美国本科大学里首屈一指。他们自己的言谈之中，很为此自豪。圣母校友网络强大，据称是全美最大的，上次查看时就已是20万左右世界各地的校友了。强大的校友网络在帮助学生找实习和毕业求职方面影响巨大。

　　为我们做介绍的招生老师是一位韩裔女士，云淡风轻，细致地为大家列出圣母大学的各种特点，也耐心地一一解答所有人的问题，没有一丝的虚浮与做作。言谈之下，她提到除了她自己是圣母的毕业生，她弟弟也正在此上学，她的一家人都是天主教徒。她父亲是圣母的校友，而在他父亲当年的婚礼上，伴郎正是当年圣母大学读书时的室友。大学不仅仅是个学习的地方，也是你成长和找到一生友谊的地方。她轻言细语，从容淡定，正是真实地对教养的诠释。因为她的原因，启发我在接下来的校园访问中更仔细地观察人。她也是第一次明确提到（也许是我第一次从大学招生人员口中听到），许多孩子毕业时最受欢迎的职业，在他们大学入学时还不存在。而他们许多入学时最流行、最受欢迎的职业，到他们毕业时已不再受欢迎或者已不复存在。她指出在我们这个时代，大学入学前专业的选择可能不需要或不应该是家庭的第一考虑或焦虑的源头。我自己这些年跟孩子和家长沟通，常用到她的这个提法。

　　当天有 6 个学生给大家做导游。出发前为大家做自我介绍，每个人的背景、专业、个性和爱好都很不一样，但同时都让人感到真实、风趣、有礼，看来学校的作用与功力是有的。

　　带领我们参观的男生，来自大华府地区，我自己曾在大华府地区的北维州住过 8 年，感到很亲切。大华府地区的校友专门捐款开通了一趟班车，每年感恩节和圣诞假期，直接把学生从校园接回 DC 地区。这个男孩言谈之下，也是给人自然、真实有礼的感觉。不过说起学校的各类搞笑传统，一点也不含糊，逗得我们一路大笑。

我们都曾读到过"Good Manner（得体的言谈举止）"在职场发展中的长远作用。因为有"Good Manner"的人，会在人群中很快看到同样具有"Good Manner"的人。而"Good Manner"的一部分就是学会倾听，看到与在意其他人的角度、需要和优点。我曾经为之工作过的一个经理，正是一个这样的人。我 4 月去加州时到旧金山去看他。午餐后，一起走手扶电梯上楼。他先上，回头轻轻催我加快步伐。后来他告诉我：当时有另一群人也在上楼，我们不小心切断人家了。而我压根儿就没注意到。这种 manner，很难当成一个技能通过短时间专门的培训来学习。但在一个这样的环境里，充满这种氛围，周围都是这样的人群，很自然地成为你的一部分，反而不再需要刻意地去如何如何。在大学里，有时课堂之外学到的东西更多，甚至对你有更长远的影响。

启蒙民众的思想 [*]
弗吉利亚大学

弗吉利亚大学（University of Virginia，UVA）由美国开国之父之一——托马斯·杰弗逊亲手创立于 1819 年。他希望通过 UVA "to shed light on the public mind"（为普通民众的头脑提供启蒙）。他用创立大学来为他直接参与建立的国家的未来保驾护航。

创立之初，有别于当时别的大学只能从法律、医学和宗教三项专业中做选择，UVA 在托马斯的引导下，为学生提供更多的专业选择，包括建筑、天文、哲学、政治科学等。UVA 是美国大学史上第一所提供这些专业的大学。同时 UVA 也在教育和教会分离方面成为先锋。

---

[*]　Shirley 记于 2014 年 9 月 18 日，并同期发布在"腾飞在美国"公众号上。UVA 是作者决定全职从事教育工作后参观的第一波大学。现在回头去看，那时写的体会还是很表面、很浅的。在走访过很多别的学校，并指导过不少学生申请后，重看这篇文章，自己很不满意，不过也是一个时期的记录，虽稍作整理，但没有更改当时的数据。算是实录吧。

UVA 位于弗吉利亚州的 Charlottesville，离美国首都华盛顿开车两个小时左右。UVA 是美国唯一一处被列为世界文化遗产的校园，校园占地面积 1682 英亩。南北战争期间，尽管弗吉利亚是主战场之一，但 UVA 校园得以幸免并在战争期间一直持续教学。

UVA 本科有七个学院：艺术与科学学院、建筑学院、领导力与公共政策学院、商学院、教育学院、工程与运用科学学院以及护理学院。最受欢迎的专业有：经济学、心理学、商学、生物和国际关系。

UVA 本科一共将近 16000 人。这几年 UVA 在 U.S.News 综合大学排名一直在第 25 名上下。在公立大学里常年位列前茅，和加大伯克利、密西根大学、加大洛杉矶、北卡教堂山等一样是公立大学中的翘楚。在很多人眼里，仅次于伯克利。尤其它在文科方面的强大，在公立大学里是比较少有的。UVA 也采取 need blind 录取，也就是录取决定不受经济条件影响，但遗憾的是，这一点并不适用于国际学生。作为弗吉利亚的州立大学，UVA 的学生中 2/3 是本州学生，1/3 的学生来自外州。持有别的国家护照加上双重国籍的学生占 5% 左右，我参观时他们没能提供精准的具体数据。

校园生活

一年级的学生热衷于住在宿舍里，图方便。第二学年起，有 50% 的学生选择住到校外。UVA 校园非常美丽，有大量的草坪供师生展开各项活动或仅仅是享受阳光。主草坪叫 "Grounds"，有时也是 UVA 校园的简称。

　　我是 2014 年 7 月 7 日那天参观的校园。7 月的夏日里，我们先听取了学校介绍，再参观了校园。我先和招生官，UVA 招生副主任（Associate Dean of Admission）Lee Morgan Politis 见面交谈。Lee 对于招收国际学生不是太熟悉，主要提供了大面上的介绍，又推荐我与擅长于亚太地区国际学生招收的 Marev Frazier 进一步联系，我事后有与 Marev 联系并做了电话会议。

　　我们一行听取了 Lee 的关于 UVA 的整体介绍。她强调了 UVA 对于学生高中期间课程选择和学业成绩的看重，指出其他方面的重要程度要相对低些。她表明他们希望看到学生选取最有挑战的课程并取得好成绩。UVA 会参照申请人所在的高中的可选课程来评估学生是否在挑战自我。UVA 希望能通过录取听到申请人真实的声音。同时认为写论文不仅仅是一项任务，也可以是一个申请人自我了解与定位的过程，对申请人自身也很有意义。在录取方面，本州学生有一定的优势，因为必须向纳税人交代。本州学费更是外州学生的一半不到。因为 UVA 喜欢看到学生选择学校所能提供的最有挑战的课程，喜欢看到学生在可能的情况下选取每年至少 5 门课以及选择 AP、IB 和 Honor 课程。当然学校的具体课程安排以及 AP、IB 等课程的提供会被考虑。UVA 喜欢看到两门 SAT Ⅱ 专题考试，如果你打算学科学，推荐选择数学作为其中一门。UVA 入学后，根据高中推荐，一小部分学生会被选为杰弗逊学者，会收到全额奖学金涵盖 4 年学费、生活费、书费和杂费。还有一部分学生在录取过程中自动地被选为 Echols 学者，在选课方面拥有优先权。

Lee 还告诉我们，UVA 学生在 4 个学院里选 1 个，并选择 1 个或多个专业。第一学期每个学生都修同样的课程，第二学期才选定专业方向。商学有 1 年单独的商务课程，运用案例教学，也可直读 5 年获得硕士学位。商学院是在 2 年基础学习后的两年学制，UVA 学生感兴趣的需要专门申请，60% 左右的录取率。教育、外交等专业都有 4 年本科学士学位，5 年拿硕士学位的选项。她同时指出，有 80% 的本科生会在大学 4 年期间转换专业。

她相信 UVA 为学生提供丰富的资源，超过 1000 名本科教员，超过 1500 门课程。专注于本科教育，所有的教员都必须教授本科课程，教授可以自己选择课程的规模（学生人数）。教授的办公时间是专门让学生提问用的。有些课程学生用的教科书就是 UVA 教授写的。比如，UVA 拥有知名的心理学教授 Wilson，是社会心理学方面的专家权威。UVA 的海外学习计划在设计中加入了很高的灵活度：无论从时间、长短、课题、目的地以及服务与学习的结合。也为本科生参与研究项目提供了广泛的选题。UVA 有 17 个图书馆，让人印象深刻，其中 2 个综合性图书馆，其他的图书馆都有专业侧重点。

UVA 尤其强调学生的自我管理——学生自己管理运营自己的组织，自行授权。在我们的小导游眼里，UVA 是一个以社区为中心的地方，一个高度多元化的社区：无论个性是外向、内向，是爱体

／"面试"美国大学

育还是不爱体育的。托马斯杰弗逊希望创造一个"学习者的社区"。学校有 700 多个学生组织，每年开学第一星期，会有一个学生组织的集会，由学生组织安排，方便新生一次性了解不同的组织，选择参与。

一般在校园参观尾声的时候，学生导游往往会分享他自己选择来这所学校的原因。我们的小导游也不例外。他也曾和父母一起来参观 UVA 校园，结束后，他和父母在一个当地的餐馆吃饭。邻桌是一帮 UVA 的学生，当这些学生听出他们是来考察的潜在学生和家长，主动提出愿意回答他们的问题。结果这些学生足足花了两个小时细心回答了他和他父母的所有问题。让他由此坚信 UVA 能够吸引这些让他感觉"对味儿"的学生，并让他想成为他们中的一员。

边界的存在就是为了被跨越的 [*]

维克森林大学

翻开维克森林大学（Wake Forest University）的介绍册，扉页上有这样一段。

"The lines can get hazy, but the vision remains clear… The notion that liberal arts repel recruiters is antiquated at best. If it ever existed, that line has been erased….Our lines don't just blur; they zigzag. If there is any certainty regarding lines, it's that they were made to be crossed. Welcome to Wake Forest."（Shirley 翻译：边界变得模糊，但愿景仍然清晰……通识教育排斥招聘者的观念最多是个过时的说法。如果这种情况真的曾经存在过，那条界限已经被抹去了……对我们而言，边界不仅模糊不清，它们还绕来绕去。关于边界，我们唯一确定的是，它们的存在就是为了被跨越的。欢迎来到维克森林。）读

---

[*] Shirley 于 2017 年 10 月访校，2017 年 11 月 21 记于明州。

／ "面试" 美国大学

来与我心有戚戚焉。

2017 年金秋，作为一位学生的在美监护人，我出发去维州一所寄宿高中参加一年两度的家长周末。离他学校最近的机场在北卡，我马上想起杜克大学、北卡教堂山都在北卡，都是我一直想去但还没来得及实地考察的大学，Google 后发现 Wake Forest University 也在附近，当即决定将它们一网打尽。

Wake Forest 是我这次行程参观的第一所大学。Wake Forest 没让我失望，给了我扎扎实实的惊喜。

以下从校园、教学、申请三个方面来分享我的访问，最后以我个人的感受作结。三个角度中的每一个角度，我又选择一些特定的点来分享。

校　园

维克森林给我最深刻的印象是：校园名副其实，真的像森林。作为校园外貌协会成员，维克森林是我的菜。

迎宾馆和招生办

介绍会与校园参观出发点都设在学校的 Welcome Center（迎宾馆）。迎宾馆内设计典雅，有品位，而且不张扬。接待大厅有两层楼高，空间感十足。虽然建筑很新，但设计却带古典感，仿佛一个城堡的一角，雅致、富丽，同时不浮躁，让你觉得是有内容、有品质的，用了心。有时环境的设计可以帮助营造特定的氛围，进入大厅，人很容易安静放松下来，敞开自己，进行交流。

难得一个大学迎宾馆自带阶梯式大厅，可以同时容纳 260 人，后来才知道这个大厅比学校最大的教室大两倍多。给我们做介绍的是学校招生人员，同时也是校友。来参观的学生和家长不少，大厅几乎坐满了。他的嗓子已在失声边缘，但他一边有礼貌地抱歉，因为他需要不停喝水润嗓，一边娓娓道来，为大家介绍他心目中的 Wake Forest，在介绍到某些点时，很自然加上他自己的个人经历和故事，格外亲切。

介绍会结束后，开始校园参观。我们的小导游是个法学院预科生，修习历史和社会学双学位，同时副修英语。当时心中忍不住嘀咕了一句：精力真旺盛啊。

"森林" + 绿地

迎宾馆离主校区还有一段距离，小导游带我们步行过去。一出迎宾馆，路就被遮天蔽日的大树给覆盖了，树很高大，葱葱郁郁，维克森林的名字是这样来的吧。到了校区，一大片建筑中间围出大片的绿地，绿地上林木丛生，又是一片森林。听说春天到来时，340 英亩的校园简直是花的海洋。全美第一批日本樱花就长在这里，可惜我这次无缘得见。

除了葱郁的树林，校园里"铺满了绿色的有机毯子"，处处是大片的草地。Wait Chapel（维特教堂）前是一大片开阔的绿草坪，四周环绕着校园里的一部分主建筑。那天天气非常好，天蓝得让人迷惑，白云铺散开来，仿佛巨型的棉花糖，正好由教堂的尖顶撑起。偌大的草坪上只有一只金毛狗和它的两位主人，狗狗使劲地奔跑撒欢。那一刹那，仿佛有些岁月静好的恍惚（见图1）。

草坪另一头是 Reynolds 大楼，里面有学生食堂。大楼后是巨

图1 维克森林大学维特教堂前的绿地

型的平台，平台下的校园比刚才我们走过的地方沉下去很大一节，眼前铺展开一片巨型的绿草坪，围以绿树，这片绿被一条一条的小道横切开，学生们在小道上匆匆穿梭，像织布机上飞速来回的梭子。

ZSR 图书馆

介绍会上，也是校友的招生人员在介绍维克森林时，提到校园里他最喜欢的地方是学校的 ZSR 图书馆，一共有 8 层楼高。建筑的中段屋顶是透明的，自然采光从天顶倾泻而下，有些教堂的感觉，也让人产生学无止境的神圣感。不少学生正在发奋读书。据招生人员和我们的小导游介绍，图书馆的工作人员特别热心，期末考试期间，到午夜时，工作人员会为学生们提供额外的餐食，给孩子们鼓劲。

宿舍

Wake Forest 为学生保证四年的宿舍，同时大多数学生也确实选择四年都住在学校宿舍。宿舍有单人间也有双人间，我们参观了一个宿舍，房间很宽大，是个两人间，每个房间自带洗手池，每人还各自拥有一个小小的走入式衣橱，是女孩子的福音。我们参观的宿舍楼里卫生间和洗澡间还是公用的。

随处可见学习的人群

访校那天，阳光正好，气温不冷不热，校园绿草如茵，树木葱郁，让人不禁想这真是一个放松享受的好去处啊。事实上，除了教室图书馆里学习的人群，走在校园不同的角落里，总看见正在校园一隅或坐或卧或站着看书学习的学生，校园里走过的学生人群，步履虽然轻快但也匆匆，有着浓郁的学习氛围。

学 校

回来后额外又做了些调研和阅读，才发现，在很多人眼里，维克森林实际上是个精英类大学，这和在校园里感受到的相对优雅、精致、风尚的感觉一脉相承，常被称为"南哈佛"，或"南方达特茅斯"。看过的文章中往往拿它和北方的达特茅斯做比较，指出相似性。多年前，因为朋友在达特茅斯读MBA，我曾前往拜访，但并未参观校园，看来得去看看了。2018年美国新闻全美综合大学排名Wake位列第27位，排在了塔夫茨和密西根大学安娜堡分校前，多年来在25名左右徘徊。我参观的那个普通的周一下午，来校参观人群真不少，可以容纳260人的大厅，快坐满了。

维克森林非常重视文理通识教育，校训Pro Humanitate（为了人类）。And they really mean it（他们是认真的）。介绍会上招生人员自称Wake Forest是个文理学院，让我很是惊讶。它更像是一个位于传统文理学院和综合大学之间的大学。它本科有5000名左右学生，研究生有1400名左右（包括博士生），比一般学生人数不到2000人、很少有研究生的文理学院多，但比动辄万人以上的综合大学人数又少很多。

除了重视文理教育，它也有很强的研究生院体系，除了研究生文理学院，还有法学院、医学院、商学院、管理学院等。

近两年 Wake Forest 开始提供越来越多的职业轨道的培养，在介绍会上提到它们最新的本科职业培训方向的项目，比如医学院预科的分子生物、生物化学、工程等专业等，校区位于温莎市中心，和主校区间车程 6 分钟，有校车往来运行。

同时维克森林在科学领域一样领先。维克森林大学是纳米技术发展的领军人物，有专门的纳米科技中心，同时也一直是再生医学研究的全球领军人物，已成功地造出人造膀胱，正致力于再造人类更复杂的器官比如肝脏、肾脏、心脏等。

小班制精英教学体制

维克森林以它的小班教学体制知名。学校最大的教室有 120 个座位，全校平均每个课程有 24 名学生。所有的本科生都由教授进行授课，师生比例是 10.5∶1，学校非常注重教授和学生间的一对一互动，实验课允许有助教（TA）进行帮助。我们的小导游告诉我们，他自己上过的人数最多的课程是 30 人，是心理学入门。即使是入门类课程，这类课程在公立大学里动辄一两百名学生，Wake Forest要求最多 50 名学生封顶，高年级课程要求的封顶人数要更低，小导游自己亲身经历过的人数最少的课程只有 4 个学生。

学生人数少使得老师对学生的关注度极高，每个学生可以和老师针对学业问题进行一对一交流。学校展示出对于教学，尤其本科教学质量巨大的投入。其结果就是公认的高教学质量。2017 年美国新闻全美本科教学质量评比维克森林位列第五名，前四名包括了普林斯顿、耶鲁、布朗等顶级名校。一方面是高的教学质量，另一方面是公认的本科学业难度，在美国教育界有目共睹。Wake Forest 有个别称是 Work Forest（课业森林）。这可能是我在校园随处可见学习读书的学生的直接原因吧，学业压力是真实的。维克森林被称作是常春藤的小后门，若能在校保持良好的成绩，是本科毕业进入哈佛、耶鲁世界级大学的法学院、商学院等研究生院的敲门砖。维克森林本科毕业生有高于其他众多大学进入常春藤联盟顶尖大学接受更好教育的机会。相对于学业难度，学校也尽力提供各种支持，比如老师、学者、导师的支持体系，导师时时为学生提供帮助。

另外本科学生就已经开始有很多机会参与研究项目了，学校提供大量的研究机会，到毕业时一般学生已经具备实际上手开展研究的经验。

另外所有新生到校都会经历 3 ~ 4 天的新生培训，以了解学校能为他们提供的机会与资源，以便充分享用这些机会与资源，碰到困难时知道如何寻求帮助。

专业

维克森林的学生要上四个学期的课程才会选定专业，所以学生有很好的机会尝试体验不同的专业方向再做出最后的决定。同时还有很多机会选修双学位，一门主专业、三门辅专业等。我们的小导游就是历史、社会科学双学位，还同时辅修英文，同时在法学预科轨道上。

维克森林的本科商学院很强，教学质量长期与宾大的沃顿商学院并列第一，会计专业全球著名，10年来具有全美第一的注册会计师考试通过率（97%）及100%的毕业就业率，遥遥领先于全国平均水平。进入商学院有一些要求，比如修习经济学、微积分，一般在大二申请入学。维克森林提供数十个不同的专业。除了商业外，经济学、生物学、心理学等专业也很强。学校自己有布鲁斯湖冷却站、大学植物园、高原生物站等科研设施。

海外学习机会

75%的维克森林的学生至少参与了一次海外学习计划。维克森林的孩子们还是蛮幸运的，拥有多种海外学习的机会和不同的选项。比如说，入学第一年，如果参与全球觉醒计划，可以整个第一年在丹麦的哥本哈根进行学习。和很多大学的海外学习计划不一样的是，维克森林直接在欧洲的伦敦、维也纳和威尼斯拥有三处房产，作为海外学习的基地。做介绍会的校友招生人员分享了他自己的个人经历，他的第一学期就是在英国的威尔士度过的，他还在美国首都华盛顿待过一个学期，50%的时间上课，50%的时间实习，专注于历史、政治和政策研究。

／ "面试" 美国大学

求职

偏重通识教育的大学往往背负一个名声，那就是毕业后不好找工作或找不到工作。这几年参观过的数所文理学院好像都完全不是这么回事，无论威廉姆斯、史密斯女校、韦斯利女校，还是加州克莱芒五校（当然这些也是文理学院里的翘楚），都不存在这种情况。听我华尔街"资深老兵"的同学讲，这些学校的毕业生至少在华尔街大受欢迎。对于注重通识教育的维克森林，求职不仅不是劣势，而且是明显的优势。和其他顶级的文理学院一样，校友在求职方面发挥了巨大的作用。维克森林也有强大的校友群，至今仍然积极地参与校园活动来帮助学弟学妹们求职及协助他们在职场上提升。

根据最新的统计数字，毕业 6 个月内，98% 的毕业生要么开始工作，要么开始研究生深造，还有 1% 的学生自己选择进行一段时间的志愿服务，也就是说 99% 的学生按照自己的人生规划，顺利地进入下一个阶段的成长。

课外活动

维克森林为学生提供大量的课外活动。

60% 的女孩参与姐妹会，30% 的男生加入兄弟会的联谊活动，这个比例有点儿高。但校园里没有姐妹会或兄弟会的专门宿舍，以确保大家的融入而不是分隔。

学校里有很强的艺术社区与人群，喜爱艺术的同学很容易找到

"自己人"。

学校也提供 70 多种不同的体育运动项目，不论是超级竞技类的，还是纯娱乐类的，都不难找到自己喜欢的人群。

篮球

说到体育，不能不提一下篮球。有意思的是，无论是介绍会还是我们的小导游都完全没有提到篮球。还是我去德州看一个学生，他是铁杆儿篮球迷，当他听说我去参观了维克森林大学，顿显向往状。我一想，可不，维克出了很多篮球领军人物呢，比如邓肯、"强盗"博格斯、克里斯保罗、霍华德等。邓肯很牛，除了是个篮球明星，还同时拿到了维克森林的学士学位和心理学硕士学位，让人心中佩服。

学生人群的多样化

历史上维克森林并不以学生人群的多元化著名，甚至曾被戏称为"white forest"白色森林，是美国前 30 名大学里有色人种比例最少的大学，以白人学生为主导。这几年维克森林致力于多元化学生人群的建立，如今有 32% 的学生是亚裔、非裔等有色人群，另外还有 12% 的国际学生。

大学所在地

大学所在地是北卡的历史名城温莎，位于华盛顿和亚特兰大之间，曾是北美四大银行 Wachovia 的全球总部，盛极一时，后 Wachovia 被富国银行兼并。同时此地也是多家金融财团所在地，也是闻名全球的科技研究三角区（Research Triangle），是全球人均博士、博士后最密集的地区，成为东海岸知名的学术研究中心。温莎也以注重艺术社区的建设而文明。对于喜爱艺术的学生，容易找到归属感。银行、科技、旅游、医疗保健、烟草和运输等产业现为温莎市主要产业。

申　请

申请维克森林用统一申请表、维克自己的网上申请表、新的联盟申请（Coalition App）均可，学校的立场是尽量为学生申请提供方便。有几个点值得提出来。

- 维克的申请不易，学校需要仔细了解你，学生们需要完成 7 ~ 9 篇的论文写作。
- 面试只是可选项，大概 1/3 的申请人会进行面试。对于国际学生，他们也建议第三方面试，比如 initialview。
- 标考只是可选项，而且他们明确表达他们不是摆摆样子。

ED 的截止日期是 11 月 15 日，比一般的 ED 多几天时间，尽管 RD，如果想争取 president 奖学金，仍建议 11 月 15 日或之前提交申请。如果想申请奖学金，需在 12 月 1 日或之前提交。1 月 1 日是常规录取和 EDI II的截止日期。

该校在国内相对于全美前 30 名的其他大学知名度相对较小，主要原因在于维克森林对招收国际学生格外严格。申请该校，学生需要严格递交多篇论文，所以维克森林也是全美前 30 名大学中国际学生人数最少的学校。

个人总结

可能因为天生喜欢葱郁的大树，走在维克森林的校园里，我非常喜欢，处处是绿树与草坪，点缀着有风格的建筑。迎宾馆的设计让人感觉既用心又到位。选择有时也是初心最好的体现。整个学校给我偏高大上、"雅痞"的感觉，至少是资金、资源丰厚。无论是给我们做介绍会的校友招生人员，还是我们的学生小导游，都自带一种温和从容，同时积极快乐的氛围，从一个侧面反映了学生群体或学校的"个性"。同时我看到校园里四处专心读书的学生，一方面享受校园的美丽和阳光的美好，另一方面读书不倦，可以很清晰地看出学生们学习动力十足。一方面反映了学习的压力不轻，另一方面也反映了学生们强烈的求知欲。这显然不是一个大学期间不想努力的学生来的地方。维克森林吸引我的另一个地方是它对通识教育的强调。职场多年以后，我已经深刻意识到强烈的不枯竭的求知欲、解决问题的思维方式和能力、待人处世的心态与修养、学习的能力与习惯的重要性。在我们这个科技日新月异的时代，今天最热门的职业技能明天就可能完全过时，4 年能教给我们的具体东西是非常有限的，一定要有成长、学习的心态，要有利用各种资源尝试各种方式解决问题的想法与做法，才有可能不断提高成长，不断进步。最近发现自己爱和学生说：你要做的就是把自己弄优秀了，到时你选择哪个行业，就是哪个行业的福气。而未来，将会有越来越多的跨行业的挑战与机遇。

让你成就真正的自我 *

卫斯理学院

　　去卫斯理学院（Wellesley College）的路上，大雨滂沱，两辆大车的人投票，决定坐车游校园。我是少数派，声音被淹没了。是这次访问卫斯理的一大遗憾。到达校园时，雨已经小了。透过车窗，扑面而来的是雨后愈加美丽的明信片一样的校园。最美、最传统的建筑建在小山丘上，需要拾级而上，太可惜了。和史密斯学院完全不同的氛围，一目了然，英文应该叫 Lofty 吧，更高大上。看过了"小家碧玉"，再赏"大家闺秀"。这所全美最好的女子大学，同时也是最好的大学之一。走出了宋美龄、美国前国务卿奥尔布莱特和希拉里·克林顿等一系列知名女性。说实话，我心里充满了好奇。

　　卫斯理学院离波士顿就 10 多英里的距离，每个小时都有车去城里，包括经停 MIT（麻省理工），两个学校之间有紧密的合作，包括互通的图书馆系统、大量的学术、社交和研究方面的合作。波士

---

*　Shirley 访校于 2016 年 4 月，记于 2016 年 5 月明州。

／"面试"美国大学

顿的一切只是一步之遥，同时校园很传统，世外和美丽。很好的结合。12% 的学生是国际学生，25% 是亚裔，非常多元化的人群。

拥有超级强的经济和自然科学类学科，没有商科。56 个系、1000 多门课，学生也可以到巴布森学院和附近的欧林工程学院选课。学生到第二年年底才确定专业方向。入学时大部分学生都没有专业方向。骨子里的通识教育为基础的文理学院，重心在培养人，不是具体技能。相信具体技能如果需要时总能学到。

写作能力至关重要，毕业时每个学生都会具备非常好的表达自己的能力，同时找到自己的声音并拥有一个强大的支持体系。校友大量捐款。卫斯理学院以培养"强大、聪明、自信的女性"闻名。

这个学校非常注重学术，拥有严格的学术环境。一般大中小学，因为意外事件或老师有事取消课程是会迎来一片欢呼的，这边的教授会面临疑问为什么要取消课程，能不能不取消。教授自己觉得很挑战的教程，会在学生评估时被学生仔细询问为什么这个课程不够挑战，能不能更挑战些。

运动方面，卫斯理的划船队非常强，还有多项竞技体育项目。但大家的态度很明确，学校绝对是以学术为第一优先的，优先于体育。

优秀老师吸引优秀学生，同时优秀的具有挑战性的学生也成为吸引优秀老师的重要原因。

这是一个吸引和适合特定类型学生的大学：这些学生有强烈的求知欲，同时特别有主动性。如果你是这样的学生，卫斯理帮助你把你的自信心建立到最大的程度。大学四年，学生需要采取主动，curve out their own way if interested 铺设出自己感兴趣的自己的道路来。在此前提下，学校给你提供一个最好的环境来做自己 "Allow You to Be Exactly Who You Are"。如果不是这样的学生，卫斯理就不是适合你的大学，因为在这里，你注定会被挑战，注定会去做很多在"舒适地带"之外的事情。

我们在卫斯理的介绍会以问答为主。有意思的一个观察是，卫斯理的介绍会上，两位主讲人、一名录取人员、一名在校生，基本没有花时间强调女子学院的挑战与价值，最后还是在座的顾问问到她们如何看待女子学院的挑战和价值。两人停了一下，直接分享了她们的个人感受——"我们很少从这个角度考虑问题"。做介绍的招生官和在校学生最初都没打算上女子大学，但偶然来校访问体验后，最后成了卫斯理的学生、忠实校友、工作人员。很显然，两位女士都非常自信，因为自信而从容，没有一丝需要或想要证明自己的着急和用力。

登车离开前，我和同样来自明州的另一位顾问飞速地跑到湖边去拍照。我们没有时间更仔细地看这个校园，尤其她最美的部分。遗憾，这也是下一次访问最好的理由。

学习之道*
威廉姆斯学院

2015 年 8 月的大学考察之旅，非常重要的一个目的是希望能对文理学院做更深入的了解。4 月考察加州克莱芒文理学院五校联盟给我留下了深刻的印象，一是发现原来这么多孩子大学同时学好几个专业；二是学生们这么有活力，倒显得我少见多怪似的。走在 Pomona（波莫纳）校园中间的草坪上，真的有很强烈的愿望重回校园学习。

8 月的大学行刻意安排了多个文理学院，大小高低不一。大爱 8 月 28 日参观的阿姆赫斯特，在美国新闻文理学院排名中位列第二。当天在朋友圈里宣称"是我这一年以来看过最喜欢的学校"。当时因为第二天早晨会去访问排名第一的威廉姆斯学院（Williams College），心中很是怀疑威廉姆斯"是否能超越"阿姆赫斯特。

8 月 29 日上午驱车一小时去威廉姆斯学院，一路仿佛在国家公

---

* 先庆访校于 2015 年 8 月，记于 2015 年 12 月 8 日明州。

园里穿行，群山环抱，风光无限。学院所在别称紫霞谷（是不是有点武侠的意思），因为有时傍晚时分晚霞会把群山染成紫色。

介绍会从校方讲可能是最多元的，招生人员应该是韩裔校友，外加一个来自纽约的白人姑娘和一个乔治亚州的黑人姑娘。黑人姑娘最初来自尼日利亚，来美十年了。氛围很好，大家认真提问，他们仔细真实地回答。尼日利亚小姑娘很聪明，有时等其他两人讲完，她看似随意的补充往往直接切中学生和家长的疑问，有时甚至能有效地把可能负面理解的信息转为积极。她也是我校园游的小导游。

我们的小导游

8 月 28 日访问的阿姆赫斯特的招生官得分第一，8 月 29 日来自尼日利亚的威廉姆斯学生导游得分第一，实在太可爱了。

我猜今天我们跟着她的这个团的大部分人，如果在考虑申请大学，都会考虑申请威廉姆斯。她这一路让我们笑坏了。小姑娘今年马上大四，讲到学校录取她后，又出钱邀请她爸爸来校参观，帮助她做决定，讲到还有一年就要离开校园，一度哽咽不能语。这儿显然是她家，不仅仅是校园。让人感觉人从这儿毕业，就一辈子拥有了一个强大的支持体系。你可以清晰地看到，如果她将来事业成功，是不会有丝毫的犹豫回报学校的，这也是为什么小小的一个学院，校友捐款之巨。

当这个女孩带着我们穿过校园时，不断遇到各色朋友群，大家开心逗趣夸张地打招呼开玩笑，而每个人群仿佛都是各色人等齐全，一片欢乐。开车路过，专门停车下来拥抱的不止一次，可能正开学，小别效应吧。你会感觉到这是一个特别好的社区，大家都互相支持，威廉姆斯强调了这种合作性，这种 collaborative（合作的）风格展示得很充分。

我们走过的路旁，有一栋白色的建筑，小导游介绍，这是校长的家，她还去过。文理学院小，学生、老师包括校长能建立更紧密、更亲密的关系，仿佛一个大家庭。小导游自己分享她选择威廉姆斯是因为威廉姆斯的宿舍设置，就叫"home"（家），每个"home"不同年级的学生都有，方便守望相助。校友聚会，往往以我是某某"home"的自称。她自己很感念高年级给她的帮助，大二就自愿申请当了"home"的负责人，投入很多时间，全自愿。她分享有一次，低年级的舍友做了一本影集，从门下塞进来，拍的都是她在宿舍的各种状态，害她且哭了一鼻子。

学习之道

小姑娘还讲到了她刚来时，有次去地下室学习，发现很多灯光，昏暗的，还点着蜡烛，很罗曼蒂克，结果是大家在学微积分，特别好玩。学习有很多方式，不一定得绷起脸来学。

威廉姆斯是以导师制闻名的，这也是我作为听众，最欣赏它的地方。文科类的课程，两个学生一个教授，每个星期一个话题，一个学生针对论题写出论文，一个学生点评，然后和教授一起讨论。讨论时一个学生分享自己的论文，一个学生评，然后一起争论。这种课程要想偷懒完全没戏，而且直接在教授面前争论是有压力的，不是每个学生都能鼓起勇气来参与。但一旦参与一次，绝大多数学生会尝到甜头，往往会一而再、再而三地争取这样的机会。物理学的导师课一周一揽子问题（problem set），导师并不指望学生解出，但导师期望学生自己找出缺失的信息与推导的缺陷。介绍会上介绍到这时，引起我很大的共鸣。学校学习不可能把我们一辈子工作生活中将要碰到的问题都告诉我们，并且让我们记住一整套的标准正确答案。与其记住一套既定问题的正确答案，远不如一套行之有效的思维方式、解题方式、求知方式有价值。如果能让这种方式成为一个人思维里自然的一部分，孩子真的是得到一双成功的翅膀。而大学学习期间，孩子正在成形期间，是培养的大好时机。我们也同样知道，当我们在生活工作中面临决定时，大部分时候信息是不完整的，那又该怎么办？怎么判断需要哪些信息？我们是用岁月，用实践，用很多的头破血流来慢慢自己悟出来的。不是说就可以不用头破血流了，没有什么比亲身体验更有效的学习方法。但大学期间这样来培养思辨、表达与解决问题的能力，以我自己职场的体验，没有比这种练习更能培养孩子未来的成功了，无论是干企业、自己创业还是做投资。这也就不难解释为什么从这个小小的校园里走出了这么多美国成功的企业人士和各行各业领头人。

我当时的感觉是，如果一个孩子有机会进入这个学校，这个学校会给你很大的自由度，给你很大的支持和资源，也不会给你太多的限制。你会 Go Figure Your Own Path Out（自己去找寻属于你自己的道路）。而当你毕业的时候，你就是一个大写的人了。你毕业的时候，同时，你也会拥有一个强大的支持体系，永远跟着你。在这样的环境出来的你，显然会很感恩这个学校，校友会特别"扎起"（重庆话）。所以他们说找工作，十个有七个是通过校友找到的。

　　这也是这次看到的一个共同点，所有顶级名校，大 U 或文理学院，入门难，选对人，一旦进入，学校会以每个人为本，提供巨大的资源，以及比一般学校更大的自由度，给每个学生机会来划出自己的轨道。可能文理学院更胜，每次我们的导游都兴致勃勃、活力四射。

　　威廉姆斯学院是美国排名第一的文理学院。我还是不能说它超越了阿姆赫斯特，两个学院正好也是传统的对手，如武侠小说所言，独孤求败是无趣的，两个学校不一样但同样出色。一旦进入，学生会享受极大的支持与自由，不仅仅是大学四年，应该是一辈子。与它的办学宗旨和风格直接相关，尽管体验的时间不长，但已能清晰感受到同学之间关系好像特别好，虽然学业肯定不轻松。其实好公司雇人也一样，比如 Google，仔细挑，挑对了，尽可能给他们所需全部自由和资源、挑战与空间，让他们高飞。

真理与光明 *

耶鲁大学

　　"天堂啊!"我忍不住小声惊呼。我站在一座透明、闪亮的几层楼高的书库前,抬头仰望,透明的书架直通房顶。我们的学生导游,一个快乐、接地气的小伙子,介绍到:"Beinecke 图书馆是当今世界上最大的专业收藏古籍善本的图书馆。"整个六层高的书库就是一个装满书的,还全是漂亮的书的玻璃盒子。对于我这种嗜书的人,这就是天堂呀。中心的玻璃书库由一个更大的与之不接触的大盒子罩着。这个大盒子的墙壁是由一片片半透明的大理石构成,墙上没有窗户,可以防止阳光里的有害射线毁坏古籍藏书。可能觉得我们被魅惑得还不够,小导游又告诉我们,因为这些大理石片是半透明的,阳光明媚的日子,阳光穿透大理石片散射进来,光影中,更是曼妙奇幻。参观耶鲁那天是 2018 年 2 月 23 日,天阴沉着,后来又下起了雨。在参观中,我心里就琢磨开了,一定要选一个阳光灿烂

---

*　　Shirley 访校于 2018 年 2 月,2018 年 3 月 12 日记于明州。

　　/ "面试"美国大学

的日子重访耶鲁，哪怕只为了光影中迷幻的 Beinecke 图书馆呢。

其实这是我第二次访问耶鲁，上一次是 19 年前的 1999 年夏天。我们开车从康州搬家去华盛顿特区，路过耶鲁，纯粹作为旅游者。那时还不知道可以约介绍会或校园参观，只是自己在校园里瞎逛。作为哥特式建筑粉，我非常喜欢哥特风的耶鲁校园。老友 CUI 是耶鲁硕士毕业，还记得当年我很激动地告诉她我喜欢耶鲁的古风建筑，她给我泼了点凉水，说建筑太老了，冬天室内暖气不足，冻得他们半死。这次参观耶鲁是一个阴冷飘雨的天，风吹过时，冻得半死，参观完我忍不住给她留言："现在室内暖气很足了。"

历史与辉煌

如今藤校尽人皆知，国内外升学教育机构的名字中也不时夹带一个"藤"字，"常青藤""常春藤"，各种 Ivy，各种藤。老美眼里的藤校，又有清晰的"大藤"提法，也就是哈耶普：哈佛、耶鲁、普林斯顿。除了本身的学术成就，历史渊源也是一个原因。耶鲁建校于 1701 年，是美国历史上建立的第三所大学。从这里一共走出了5 位总统，耶鲁教员一个有名的玩笑是"一不小心，你就教出一个总统"来。除了总统，1789 年以来，美国内阁近 10% 的成员来自耶鲁，还有 19 位美国最高法院法官，16 位亿万富翁，出过 58 个诺贝尔奖和 5 个菲尔茨奖获奖人，除此外，耶鲁学生校友还摘取了 50 枚奥运金牌，金银铜加起来 100 多枚，这些数据每天都在变化，比如奥运奖牌，没准平昌冬奥会已经刷新纪录了。另一个有意思的说法是"耶鲁培养出来的奥斯卡奖获得者比诺贝尔奖获得者还多"，耶鲁戏剧学院为美国演艺圈输送了大量人才，我个人最喜欢的演员梅丽尔·斯特里普、早年的大爱朱迪·福斯特等都曾是耶鲁学生。还有《欲望号街车》等剧的导演和剧作家伊莱亚·卡赞。耶鲁毕业生也是众多名校的奠基人，是很多著名大学的创始人和第一任校长，比如普林斯顿大学、康奈尔大学、约翰霍普金斯大学、哥大、芝大等，有70多所之巨，有点一网打尽的意思，整个一个"美国学院之母"。耶鲁学生成就之卓越，涉猎领域之广，让人心生敬佩。是我们中国古话"行行出状元"活生生的实例。在参观和调研之后，我又觉得这是必然的，和它的教育理念一脉相承，有因才有果，有因必有果。

作为一名中国人，我惊喜地发现，耶鲁也为中国培养出这么一大批的杰出人才：容闳、詹天佑、马寅初、林徽因等，包括这几年享有盛名的成功投资人张磊、沈南鹏等。其中，容闳是中国第一位取得美国大学学位的中国人，也是中国历史上第一位留学生，历史意义非凡。作为从小在重庆大学校园长大的我，马寅初也格外亲切，我从小爱去五教学大楼前玩，树林里的那座亭子就叫寅初亭。

试想，如果像摩拜单车介绍PPT一样，一有人用车就在地图上显示一个亮点，在全球地图上，如果有一个耶鲁校友就显示一个亮点，相信大半个地球都会被点亮吧。

而耶鲁在人才培养方面的卓著成就，根源正在于它的治学理念。

人文精神

一转眼，过去三年多的时间里我用脚丈量过 80 所大学了（还有 50 多所寄宿高中），其中包括 8 所藤校中的 7 所（除了普林斯顿，今年一定会补齐）。在所有到访过的大学里，在我的感受里，人文气息最浓郁的校园是耶鲁（当然这可能受我个人认知局限的影响）。

耶鲁的校训是"真理与光明"。耶鲁人文教育的目标之一是培养学生的人文情怀，探索人生真谛的理性态度，具备人文关怀，关怀人生价值的实现，追求人的自由平等以及人与社会、自然之间的和谐。1828 年著名的耶鲁报告极力肯定以古典学科为主的人文教育的重要价值，指出"没有什么东西比好的理论更为实际，没有什么东西比人文教育更为有用，大学里为本科生所设的教学课程不包括职业学，专门化必须晚一点开始……心智的训练会使学生更具对社会的责任感"。

这样的教育理念在执行中的体现之一就是耶鲁重要的特色——教授治校，这一点对美国教育界产生过巨大影响。常言道："普林斯顿董事掌权，哈佛校长当家，耶鲁教授做主。"耶鲁的董事会不具体参与校务管理，而由教授委员会治校。耶鲁的校训也特别强调思想自由。300 多年来，耶鲁人一直为能够坚持独立精神，不向外来的政治压力、物质利诱妥协而自豪。越战时期，美国政府曾要求各高校一律不准提供奖学金资助给自称以道德或宗教理由反战的学生。

许多名校都遵从了政府的指示，只有耶鲁坚守学术独立，继续以成绩为考虑奖学金的唯一原则，并因此失去来自联邦政府的一大笔基金，以至经济上几度陷入困境，但始终不改信念。即使到了现代，现任校长就曾因捐款人对耶鲁课程设置和教授聘任提出要求，而毫不犹豫地拒绝了 2000 万美元的捐赠。

参观耶鲁的这天，阴冷飘雨，校园里，学生们在风中匆匆来去，从古风的建筑旁走过，耳听我们可爱的小导游如数家珍地分享各种历史故事和个人的耶鲁体验，湿湿的空气中，仿佛也弥漫着浓浓的人文气息。

学术——理念、自由、资源

耶鲁能拥有今天的成就和广泛的尊敬，除了它的教育理念，就是它的学术水平、学术环境和学术资源。

参观耶鲁那天，给我们做介绍会的是一个大四的学生，一个犹太女孩儿，她在耶鲁修习双学位，还参与大量的戏剧社活动，因为她的一个专业是神经科学，她同时在医院实习。

耶鲁大学在学术方面为学生提供真正的广度和深度，同时也要求学生的学习具备广度和深度。作为一个偶然的访问者，从我眼里看到和自身感受到的，应该再加一个学术自由度。

从广度来讲，每个学期学生可以从 2000 门课程中进行选择。一堂课的学生人数可以从超级受欢迎的、整个耶鲁差不多 1/4 的本科生都注册的快乐心理学到只有几个学生的选修课。最近耶鲁的这门心理学课程——Psychology and Good Life（心理学和好的生活）上了《纽约时报》，因为开始注册的头几天里，就有1200多个学生注册，也就是差不多1/4的耶鲁本科生都注册了这门课程。

广度的另一个体现是Distribution Requirements（课程选择的分布要求），也就是要求学生涉猎并学习比较广泛的知识领域：人文、科学、社会科学、外语、数字化推导、写作，以确保耶鲁毕业生拥有更广泛的认知，也知道如何在需要的情况下在特定领域里进行有效探寻。对于不在学生感兴趣的领域，学生可以选择一些不那么有挑战性的课程。比如说，学人文的学生可以学习关于舞蹈的物理学，或者科学类的学生可以研究科幻小说。给我们做介绍会的小姑娘分享了她自己的经验，她曾经选择历史课，结果她的老师是戏剧汉密尔顿的主要顾问，她太喜欢这门课和这门课的教授了，以至于后来请求这名教授做了她的学术顾问。

我们的小导游专业方向是政治科学，他跟我们分享了这学期选的课程：两门政治科学类课程、一门网络安全课程、一门宏观经济入门、一门生物入门。他讲的时候，两眼放光，可以看得出每一门课都是他感兴趣的。

其实他们的例子很普通，因为耶鲁鼓励学生进行探索，而不是急于把他们定位到一个特定的职业道路上。一般来讲，他们1/3的课程是与专业有关的，1/3是课程分布要求的，还有1/3是选修课，多是兴趣和好奇心驱使的。

和耶鲁的教育理念直接相关，耶鲁本科教学里没有设置职业预科轨道，比如医学院预科、法学院预科等，也没有商学院。这个选择的背后是一个简单的事实：很多今天的学生将来有一天会从事今天根本还不存在的工作。正因为此，耶鲁致力于培养并帮助学生去适应、去学习、去改变，不论你具体从事什么工作。但如果学生有意将来在这些领域深造，可以通过与学术顾问沟通合作来做好准备。事实上耶鲁学生无论法学院还是医学院的录取率都很高。

耶鲁的学术自由度的另一个体现是学生到大三开始（beginning of junior year）才需要确定专业方向，这样学生拥有两年的大学时光尝试与探索，两年后再做出选择。

耶鲁一共 1.2 万多名的学生中，5000 多名是本科生，6000 多名是研究生，研究生人数比本科多一些。但在所有藤校中，耶鲁是最重视本科教育的学校之一。从学术上来讲，无论人文科学、自然科学、工程或应用科学，耶鲁都很强大，行行都恨不得有诺贝尔奖获得者。对于本科学生来讲，无论未来选择什么专业，本科期间都是耶鲁学院整体的一员。遥想当年，耶鲁建校的时候，只有一名老师，同时也只有 6 名学生。如今耶鲁已有 1.2 万名学生，近 6000 名本科学生，但仍然保持着 1:6 的师生比例，让人印象深刻，这个数据甚至超过了大批只有本科的小型文理学院。

很多时候学术自由度和学术严谨度能够实现的前提是与之配套的完善的支持体系和丰富的学术资源。耶鲁为其学生提供了一个从教育理念、学术精神、支持体系到丰厚资源的完整体系。

对于本科新生，耶鲁为学生提供完整的顾问支持体系。比如对新生，他们拥有一年级顾问、新生辅导员、常规的学术顾问。我们的小导游的一年级顾问，就曾陪他长谈到凌晨 3 点。他们所居住的每个住宿学院里都配有两名教员，可以和学生进行私人层面的交往与支持。

至于资源，除了广泛的可选课程、完善的图书馆体系、1500 万册供学生选择的书籍，耶鲁还为学生提供格外丰厚的资源和机会。

- 实验室和课题研究机会——耶鲁有 800 多个实验室，不仅是科技实验室，也包括社会科学、人文、实验哲学、心理学等的实验室。耶鲁还为学生提供很多直接上手的研究机会，耶鲁可以提供的研究员职位比申请的人数要多，95% 的学生曾参与这些研究机会。教授们喜欢这些年轻、有新鲜想法的学生。

- 海外体验的机会——一般参观大学时，各个学校都会介绍自己的海外学习项目，耶鲁的提法（后来发现哈佛也是这种提法）不太一样，称作海外体验。具体指的是，除了出国学习，也可以出国做研究、实习、工作或做志愿服务等。耶鲁大致 3/4 的学生参与海外体验。除了可以直接由学费覆盖，耶鲁还有专门的国际暑期奖励，用以资助暑期海外体验的费用。如今耶鲁已推出针对国内暑期奖励的项目。

我们的小导游就曾参与过一个为期 10 周的在香港工作的暑期项目，所有费用由耶鲁支付。他自己刚开始还是蛮紧张的，因为从未去过亚洲。他最初只是想在纽约找一份暑期项目，后来申请了几个不同的项目，最后选择去了香港。刚到香港，就有耶鲁校友接待他们并向他们介绍香港。对他来讲，是一辈子难忘的快乐体验。今年暑期他已找好暑期实习项目，会去匹兹堡体验新闻媒体的工作。

小导游还提到他在耶鲁上的一门历史课。这门课要求他们完成一篇论文，讨论如果著名的水门事件发生在数字媒体的今天，事件会如何发展演变。意外之处是，他们写的论文都被送去给当年水门事件报道的《华盛顿邮报》的记者。他直接审阅所有的论文，并和他们进行一对一的讨论，挑战他们的想法并接受他们的挑战。小导游感慨到，真是大开眼界的学习体验啊。哪怕对于我这样的旁观者，也是超级有趣的体验啊，和单纯的课堂教学不可同日而语。这样的学习是多层面的，学到的东西也是多层面的。换一个角度，也是到耶鲁这样的大学学习，才能拥有的不一样的资源与体验。

公众服务

公众服务（Public Service）是耶鲁教育的一个特点。耶鲁

1701 年的建校宪章上写到"教育的目的是使年轻人用自己在学术、艺术等专业上的成就为社会做出贡献，为人类生存条件的改善而工作"。而正是这一基本的教育理念，引导耶鲁教育出一代又一代公众服务领域的领导人物。比如 19 位最高法院大法官。同样是法学院，乔治城的毕业生进入私营领域更多。

校园参观时，我们走到了老学院（Old College），新生多在此上课，大片的绿地被古风建筑环绕一圈，是耶鲁校园最古老的部分。绿地上有一座雕塑，号称著名的内森·黑尔的雕像。内森是美国第一个间谍，却因为醉酒，酒后吐真言把自己给暴露了，最后被送上了绞首架。他是耶鲁 1773 年的学生，曾在 Old College 一带的宿舍居住。中央情报局在北维州建立总部时，曾试图和耶鲁交涉，把内森的雕塑搬到中情局总部去，遭到了耶鲁的拒绝，后来他们自己做了一个复制品，放在了北维州的总部里。小导游饶有兴味地告诉我们，其实这个雕塑不是内森本人，只不过找了一个长得好看的学生做原型，不禁让我想起哈佛大学的哈佛雕像的原型也不是他本人。内森在被绞死前，曾发表了著名的演说"为了上帝，为了国家，为了耶鲁"。世世代代的耶鲁学生和校友一直在认真践行。

校　园

上次走在杜克大学的西校区，深为其哥特风魅惑。不过，杜克校园的哥特风相对于耶鲁校园来讲，又是小巫见大巫了。

尽管天气阴冷，还有寒风吹着，参观那天，走在耶鲁校园里，还是忍不住为它古典浪漫的氛围着迷，何况我本来就是个哥特建筑粉。记得走到斯特林图书馆前，小导游指着这座典型哥特式教堂的建筑让大家猜它的建成年头，大家七嘴八舌地猜到：1735年？1788年？1825年？小导游得意了，揭晓谜底：1930年，大家惊叫出声。斯特林图书馆前这一片开阔草地和周围的一圈建筑，其中包括了我们小导游的住宿学院，都是典型的哥特风，主要建于1917~1931年，并不是那么古。这只是建筑师James Gamble Rogers的刻意设计，为了让建筑显得更老旧，他甚至往石墙上泼酸，故意打碎玻璃再用中世纪的方法修补，无所不用其极。整个展示出来的是中世纪的建筑风格，但采纳的却是19世纪30年代通用的钢结构框架。耶鲁标志建筑哈克尼斯塔是特例，不是钢结构，而是真正的全石质结构，是当时世界上最高的全石质结构建筑，有66米高，里面是一个大礼堂。参观那天很冷，但因为参观的人太多，招生办坐不下，介绍会是在这个礼堂里举行的。

　　校园内真正最老的建筑倒不是哥特风的，而是佐治亚风的，位于Old College一带。

　　耶鲁还拥有当今世界上最大的体育馆，里面甚至有划艇模拟池，这些设施都免费对本科生开放。大家忍不住开玩笑，耶鲁连体育馆都带有教堂风啊。

　　给我留下深刻印象的建筑，除了Beinecke图书馆，就是耶鲁的纪念大厅（Memorial Hall）了。自然采光的穹顶，不算太高大，圆形大厅的四壁上密密地写着人的名字，导游介绍，这是1020名倒在战场上的耶鲁学生的名字。从穹顶下穿过时，我不禁放慢脚步，俯身去细看那些名字，都是父母生养的子女啊。林徽因的侄女Maya Lin是耶鲁建筑学院的毕业生，以设计首都华盛顿的越战纪念而知名。据她自己讲，她曾由此获取灵感。坊间传说，她的越战纪念设计先是交给老师当作业，但只得了个C，多年来导游们都如此这般做介绍。直到有一天，导游刚做完介绍，一个小伙子私下找到导游，并告诉导游，他是Maya Lin的家人，Maya今天陪家人来访校，听完小导游刚才的介绍，说有个小错误要纠正下，她当年作业得的是B，不是C。从此后导游们就从C版本改为B版本了。

住宿学院体系 / 社区的建立

和一般顶级高校的激烈竞争不太一样，耶鲁以学生之间的彼此合作与支持而闻名。当然这种友好合作的氛围与治学的严谨向上并不冲突。而这种和谐之风，应该和它的住宿学院体系有一定关联。

耶鲁有14个住宿学院（residential college），每年将近1500名新生入学，平均给每个学院输送100 ~ 110名新生血液。住宿学院的安排是由学校统一"随机"安排的，随机打了引号是因为学校也会根据学生的一些情况来进行安排，并不是完全随机，比如会考虑睡眠习惯的要求。耶鲁的目的是希望学生们能够尽量结识文化背景以及看问题角度不一样的同学，能够自如地和背景看法完全不一样的人群交流。

在听介绍会时，给我们做介绍的大四女孩举了自己的例子，她是来自纽约近郊的犹太人，她学科学玩戏剧。她的室友是来自哥伦比亚的天主教徒，热爱数学，下一步打算去学医。她住在套间式宿舍里，她的"套间友"们在地域上完全没有重叠。物以类聚、人以群分，如果由着刚入学的她来选择，她和她的室友一定不会住到一起，但如今她们是最好的朋友。耶鲁实际上拓宽了她们的视野，拓展了她们的边界。

用她的原话，耶鲁希望用这种方式来在校园里建立"多元化的微型小宇宙"。时间证明，还是相当有效的。

这些住宿学院是耶鲁校园里生活社区的基础，每个学院都有自己的图书馆、餐厅、健身房和一些独特的设施，比如有的有木工房，有的有电影院等。所有的学生，包括别的学院的学生都可以使用。另外每个住宿学院里都有两名教员居住，包括一名院长和一名主任，他们的家人孩子也住在学院里，学生们可以直接和他们打交道，甚至和他们的孩子一起玩，在个人层面上相识甚至成为好朋友，学生们想起他们来时是很熟悉的感觉。这种关系下，学生们遇到任何问题，也会很自然地去找这些老师寻求帮助。老师们也对孩子们有更深的了解，可以给予更多的支持。每个学院都有自己很多的活动与传统，帮助学生们建立友谊。即使高年级的学生出于各种原因搬离宿舍，他们也一样会受邀参加他们原属学院的各种活动，你的学院是你耶鲁身份永远的一部分，你一旦成为某个学院的成员，你永远是它的成员。耶鲁刻意打造这样的社区环境，给远离家园的学生们一个在耶鲁校园里叫"家"的地方。显然学生们对于他们的"学院"也有强烈的归属感，据他们描绘，当两个耶鲁的校友初识，第一句总是问"你是哪个学院的？"（注意，这是问住宿学院，跟专业没半点关系）如果碰巧是一个学院的，那就更亲近了。

一般的住宿学院中间是庭院绿地，周围环以建筑。宿舍内的房间多为套间。我们的小导游住的套间一共有 6 个人，他自己一人住的单间。都是由学校统一搭配的，而不是由学生根据个人喜好来选择。小导游也提到这是耶鲁校园里的微观小宇宙（空间）。他说这是他非常喜欢的耶鲁生活的一部分，因为这样的安排逼着你去拥有不同的思考，因为你身边的人的背景、成长环境、文化等，都完全不同。

在如今这个超级全球化，世界变得越来越小的时代，无论你做什么，从政、经商、外交、科研甚至旅行，你都必然要和不同类型、不同背景的人打交道，从这一点来讲，这些从耶鲁住宿学院走出来的耶鲁学生，确实是"先天"更足一些呀。

接下来的一周我参观了哈佛，发现哈佛也采用了类似的宿舍安排方式，只是不同宿舍之间好像友好竞争的氛围更浓厚些，而且宿舍的分配是在第一年结束后才进行的。于我而言，更有趣的对比在于，当耶鲁、哈佛刻意坚持由学校来统一分配学生进不同的宿舍区，来促使他们生活在一个多元的、大部分其他人和你有不同看法的环境里。我参观过的另一些学校，强调给学生们提供更多机会根据共同点来选择宿舍：共同的专业、爱好等。很有意思，都是出于好心，但结果是会有一些不同的。但同时每个家庭、每个孩子本身的需求和追求也是不一样的。归根结底，没有更好，只有更合适吧。

申　请

耶鲁也是一所 need blind，也就是录取不考虑学生和学生家庭的经济情况的大学。在耶鲁学习学费和生活费不便宜，目前一年 7 万美元左右，但 67% 的耶鲁学生能够得到经济资助。实际的平均支付成本是 1.2 万美元，一般家庭出 9000 美元，孩子自己通过在校工作等支付 3000 美元。平均下来每个学生获得的经济资助是 4.7 万美元。耶鲁提供的所有资助都不是贷款或借款，入读成本减去家庭贡献的部分，一般主要以奖学金的方式提供给学生。当然我最关注的点是：耶鲁的经济资助也对国际学生开放。

和哈佛一样，耶鲁提供 EA，但在提前申请阶段，如果申请了耶鲁，就不能再申请其他的美国私立大学，但录取了可以不去。其实他们知道，如果录取了你，你来的可能性很大——自信的体现。

申请耶鲁推荐信的老师最好是 11 年级或 12 年级的，标考要考写作。招生办的人强调对于耶鲁，SAT2 真的不是必须的。

结　语

转眼就到中午了，我们的校园参观也接近尾声了，我们大家集结在 old college 里内森·黑尔的雕塑前。作为总结，我们的小伙子导游分享了他当年的申请经历，他当时是 REA 的耶鲁（提前申请，单一选择），耶鲁录了他，他也决定来了耶鲁。当时他也计划申请布朗、哈佛、哥伦比亚、塔夫茨等校。因为也考虑过学新闻，他还计划申请雪城大学。他现在很开心他没有去追寻媒体和新闻专业。因为我自己看到了布朗和耶鲁的一些共通点，我刻意请他对比两所大学的不同点。他说两所大学他都喜欢，但布朗更 liberal，那儿的学生有更多的自由和少一些的压力。至于他选择耶鲁的原因，他总结了以下三条。

- 人。非常多元化的一群人，拥有非常不同的角度和立场，促使他从不同的角度进行思考。非常合作的环境，每个人都尽力想帮助你。
- 支持体系。无论是住宿学院的院长还是主任，或是新生的教员辅导员、一年级顾问、同龄人顾问，还是你所选专业领域的教授顾问等，都随时准备为你提供帮助。
- 机会。耶鲁能为学生提供无数的高质量的机会，无论是由耶鲁资助的香港实习，还是丰富的研究机会。

关于耶鲁的优势，我认为他的总结很到位，我就在此借用了。而耶鲁的不足之处，可能很难通过一次访问拥有深入的了解。所以我的这些记录，只是提供了一个角度，必须兼听才明。不过走过这么些大学，走得越多，还是越有比较，有心得。在我眼里，除了资源和机会，耶鲁还是一个有原则、有追求、有坚持、有精神的大学。我想这也是它为什么经过时间的历练，在历史的沉淀之后，仍然充满活力的原因吧。虽然无形无味，但人文的气息真真实实的飘荡在空气里。我真心希望我自己的学生中有人能成为它的一员。不过，谁知道，也许我自己也可以成为它的一员，它有这么多的研究生院呢。

第二编

Shirley面试心得

横贯美国　丈量校园

导言[*]

　　忙完 2015 年 11 月 30 日和 12 月 1 日这波大学申请，终于有时间静下来记录总结过去一年的校园访问。从 2014 年夏到 2015 年夏，一年左右的时间，飞机、火车，最多还是驱车和步行，我实地考察走访了 35 所美国的大学，其中 23 所综合大学、13 所文理学院，从西岸到东岸，穿越中部。

　　因为帮朋友考察高中，偶然的机会，我第一次深切体会到，两个在网站上看上去同样高大上的学校，实地感受却非常不同。实地考察不仅提供直观感受，更提供机会来考量与感受这个环境中的人。那时起，我告诉自己，如果可能，我需要尽量多地实地考察校园。

　　大学因为拥有更多的资讯，我一直以为实地考察的需求相比高中不那么迫切。从 2014 年夏天开始，我陆续开始考察校园，UVA（弗吉利亚大学）、GU（乔治城大学，我的 MBA 母校）、Carleton

---

[*]　Shirley2015 年 12 月记于明州。

College（卡尔顿学院）等。每次访问后，写下我的心得体会，但心里感受算不上强烈。2015 年 4 月，我飞到加州圣地亚哥，驱车北上，从南向北，开始考察加州系的一系列大学，包括 UCLA（洛杉矶分校）、UC San Diego（圣地亚哥分校）、UC Irvine（尔湾分校）以及斯坦福大学，一直到 UC Berkeley（伯克利分校），再从旧金山飞回明州。更重要的是，这次加州行，带着种种疑问，我细细走访了位于洛杉矶远郊克莱芒的文理学院五校联盟：Pomona（波莫纳学院）、CMC、Pitzer（皮泽学院）、Scripps 和 Harvey Mudd。因为国内的大学体系就没有文理学院这一类，我自己对文理学院就有很多想当然的假设。去加州的出发点是想比较集中的一次考察这 5 所文理学院，加大体系只是顺便。这次考察下来感受不太一样，心里开始有所触动。

8 月初，趁着儿子去 VA（维州）夏令营，从明州出发，先由西向东，沿路考察了 6 所私立名校和公立大校：西北大学、芝加哥大学、伊利洛伊大学香槟校区、圣母大学、密西根大学安娜堡和卡尼基梅隆大学。8 月下旬，又从华盛顿出发，由南向北，跨越宾州、纽约、麻省和缅因，考察了一系列大学和高中。大学中文理学院最多，Bryn Mawr 女校、Swarthmore（斯沃思莫学院）、Bates（贝茨学院）、Bowdoin（鲍登学院）、Amherst（阿姆赫斯特学院）、排名第一的文理学院 Williams（威廉姆斯学院），以及最北的文理学院 Colby，也走访了一系列的东岸私立大学：乔治华盛顿大学、宾大、

／"面试"美国大学

哥伦比亚大学、纽约大学、麻省理工、东北大学、塔夫茨大学等。

看一个学校，除了看校园、教育理念与体系、资源、专业强项等，更重要的是看人。人是一个学校综合的反映，不同的人是否呈现某种层面的一致性也非常有意思。招生官介绍会上强调什么，怎么回答问题，校园氛围如何，学生导游是什么样的人，如何介绍校园，与路遇的其他同学如何交流，如何回答问题。发现自己对每个学校每个打了交道的人都写了评语。校园访问，不就是我给每个大学的一个"面试"吗？

一路走，心里的感受开始逐渐变得强烈。我至今还记得在访问芝大、圣母大学、麻省理工、哥伦比亚、阿姆赫瑞斯特学院后内心的激动。可能因为自己分析和战略的职场背景，一路看，一路开始在内心为这些学校分类，除了最基本的文理学院相对于综合大学，我将综合大学又分为以下几类。

- 传统名校：如芝大、麻省理工、哥伦比亚大学等。这些大学历史悠久，在多个领域拥有强大实力的传统著名私校。
- 私立名校：如西北、卡尼基梅隆，也富有历史，在特定领域拥有很强实力。
- 公立大校：如密西根、伊利洛伊大学、威斯康辛大学等州立大学。

还有一些不能直接套用这些分类的大学（主要针对这次的行程），比如波士顿的东北大学。

同时针对文理学院，走访之后，我把排名第一、第二的阿姆赫斯特和威廉姆斯学院与其他文理学院区分了开来。Swarthmore 校园极美，又靠近大城市，这在文理学院里并不多见，我当时印象还是很不错的。但访问完阿姆赫斯特和威廉姆斯后，差距就出来了，确实是不比不知道。一个原因可能是给我们做讲解的招生官不是校友。以前不相信，现在不得不承认，校友还是不一样，自身感受不一样，讲出来的东西感染力就不一样（这也是我一再跟我的学生强调，论文要写打动自己的事，自己都打不动，几分钟内打动一个对你完全不了解的招生官，可能性能有多少？）。Swarthmore 无论是招生官，还是小导游，除了完成工作，没有给我留下感觉。一方面可能是偶然，另一方面，作为学校安排得不尽完美，本身也反映了学校做事方面的不够完美。是呀，我是比较苛刻的。但我不打算为我的苛刻道歉，潜在学生和家庭万水千山地都上了门，这可是最高质量的目标市场了（prospect），他们应该珍惜的，何况还有那么多学校做得尽善尽美呢。

8月的旅行中，感觉逐渐变得强烈了，是一个从量变到质变的过程。尤其是8月以来的学校访问，既访问了一些传统的私立名校，如说芝大、哥伦比亚大学，也访问了一些像圣母大学这种私立的传统深厚的学校，同时也访问了一些公立的大校，比如说密西根大学

／ "面试" 美国大学

安娜堡、伊利诺伊大学香槟校区等，以及一些私立较高端的大学如西北大学、卡尼基梅隆大学等，也逐渐有了一些体会，有了比较，我觉得传统名校之所以成为名校，是有原因的，同时每一类学校都是有一些特点的，而这些特点的形成有其历史原因和渊源。

接下来我会分享一些我自己考察中的心得随笔，与以往的每周一校不同，主要是感受分享，而不是数据陈述，如今的信息时代，如果是找数据，途径很多。我个人的看法肯定有我的局限，而且这只是一次访问，不是长时间的生活体验。我的看法，也会因为我的人生经历戴上我的"滤色"镜的。但有一点是事实——兼听则明。对于没有实地去过的朋友，这是新的信息。对于去过的朋友，这是不同角度的信息。希望对你们有所帮助。

旅行后期，有一天我白天参观了 MIT 和塔夫茨，晚上万幸住在了 MIT 校园里的一家旅店。傍晚，我沿着查尔斯河疾走，看日落和河上的帆影，一路考察学校的感受积累到了一个点，在心里翻涌，当时很有不吐不快的感觉。但 9 月回来后，申请季开始，一拖至此。原来想还要好好组织语言，算了，就分享一下当时记下的点点滴滴吧。

查尔斯河畔的领悟 *

写完前四篇，一下又忙起来，抬头喘一口气，哦，已经是 2016 年了。

回望一年以来的校园考察，是一个蛮有趣的历程。因为爱玩爱跑，作为一个旅游者，从 1998 年初到美国，陆续跑过不少校园，但真正把校园访问作为考察而不是旅游，是从 2014 夏开始的。一开始看了东岸的学校，UVA（弗吉利亚大学），我的 MBA 母校 GU（乔治城）等，我很认真地考察前做研究，准备问题，考察时仔细听介绍，专门找负责国际学生招生的人攀谈，认真做笔记，但其实并没有入心，只是认真地在做自己认为应该做的事。后来又访问了一些我所在地区附近的学校：明大、威斯康辛大学、卡尔顿文理学院，还是很认真，但是没走心。万事都有一个从量变到质变的过程——重要的是做起来。

---

* Shirley2016 年 1 月 11 日记于弗吉利亚州。

／"面试"美国大学

真的开始入心，是从 2015 年 4 月加州行开始，尤其是访问克莱芒的文理学院五校联盟。可能因为中国没有文理学院，参观文理学院给我更大的触动。他们的学生尤其显出勃勃生机和活力。我惊讶地发现，几乎所有我碰到的文理学院小导游都在修习两门或更多的专业和副专业，而且一个赛一个地活力二八，精力勃发，活得兴兴头的。他们怎么做到的呢？大家可能说，你也就是接触了小导游而已，太偶然。确实是，但细想一下，这一年中参观的 35 所大学，其实分类特点风格的清晰一致出乎我的意料，参观的校园越多，这种分类似乎越明显。这些文理学院的小导游给我的印象很一致。学过统计的知道，如果一次判断错误的概率为 5%，同样的观察连续出现三次（在加州克莱芒跟了三个不同学院的小导游），错误的概率就下降到 <0.0125%（5% * 5% * 5%）。这种印象很一致地在我接下来的文理学院的参观中继续重复，Bryn Mawr、Colby（科尔比）、Bates（贝茨）、Bowdoin（鲍登）、Williams（威廉姆斯）、Amherst（阿姆赫斯特）……

　　等到 8 月校园行，一路走来，无论私立名校、公立大校，参观都积累了一定的数量，也就是数据量，同时又在一个相对集中的时间段里，记忆清晰，感觉也就更加强烈。

　　总的来讲，体会较深的在以下几个方面：关于名校、关于文理学院和通识教育、视野决定选择。

关于名校

当我出发进行这些旅行前，读了一堆的书，心里相信名校只是一个被过于吹捧的概念，尤其是在国内。旅行结束时，我的感受有了一些变化。这些传统名校在我眼里显出它们独有的价值来，但是价值在名气以外不一样的地方。名是果，不是因。

名校的门槛是很高，但有趣的是，一旦跨过门槛，享受的自由和支持也最多，当然你首先需要跨进去。一般公立大学在申请时必须选择一个学院或专业，有时是非常细致的专业划分，有时还需要选择具体校区的具体专业，学生还没去过，尤其是国际学生，又如何知道哪个校区最适合自己呢？一般私立大学在一年后选择专业，布朗是在第二学年的第二学期。学生甚至有机会自己创造专业，我朋友 Robin 的侄女 16 岁时被哈佛录取，因为哈佛没有她感兴趣的专业，哈佛允许她设立自己的专业。麻省理工（MIT）的孩子可以自己在宿舍区建立三层楼高的过山车欢迎新生，可以把警车拉到高层建筑屋顶并为警察提供咨询如何才能把车放下来。MIT 刻意第一学期不记具体成绩，只有过或没记录（pass or no record），第二学期如果成绩不尽如人意也可以"不留痕迹"，就是想鼓励学生敢于冒险，大胆广泛尝试，不接触不尝试，又如何知道哪条道路最适合自己呢？

4 月时，我的朋友珂陪我一起参观斯坦福校园，我们的导游是

／"面试"美国大学

个大四的学生，不仅修了不止一个专业，还是一名体育健将。对大家的问题也认真一一作答。当时珂问我，说能上斯坦福都是能人，天之骄子，像这个学生导游，这么出色，怎么这么平和阳光、脚踏实地，一点骄奢之气都没有？我当时的回答是：在这样的学校，无论是老师还是同学，他们碰到太多出色的人，清晰体会到山外有山，人外有人，自然谦逊。就像我们以前学的，你知道的越多，你越明白自己不知道的更多，而更有谦逊敬畏之心。

8月底，我在波士顿的东北大学参观，这是个在过去几年内排名由100名开外直窜到50名内的大学。学校位置一流，教学楼宿舍设施很新、很不错。我们的导游是一个学商的男孩，谈到自己四年级马上开学，同时正在进行最后一轮面试，很有可能早早拿到一份工作。言谈之下，有些压抑不住的小小得意。这份对自己的满意很正常，但因为这已是我校园行的尾声，虽然正常，但因为有跟其他大学的学生做对比，仍然可以看出区别。还在修行的路上。

访问的学校越来越多，体会也越来越多，看到这些学校，然后自己逐渐可以知道自己内心的偏好。比如，我看到哥伦比亚大学、塔夫茨时的感觉，就越来越强烈。我喜欢的学校，是拥有很深厚的历史积累，有底蕴，同时又充满活力。这种活力不是从校园本身体现出来的，而是在人。你一跟人接触，就能很清晰地感觉到他们的朝气和生命力。我在想是什么东西造成的呢，为什么这些传统的名校能够成为名校，正是因为这些办学的人，无论是老师、教授还是学校管理人员，不为名气所累，不为名气所限制和桎梏，而是发自内心的追求新知，有强烈的求知欲，有强烈的好奇心，然后也愿意探索的这样一个人群。所以它不断地有动力在往前走。不断有新的发现，不太容易为外在的、世俗的东西所桎梏或牵绊，而它历史的沉淀呢，也给它资源和底蕴来做这件事情，这也就是这些名校能继续是名校的原因。如果不是这样，而是世俗的追求名气的东西，我觉得它们的活力早就没有了。

不是每个人都适合去这些学校，这些学校也并不适合或值得不顾一切地去奔，尤其不适合为了错误的原因去挤。但如果能去，还是很有价值的，求知的态度、思维的启蒙、解决问题的思想方式、对自我判断的追求、学习的方法，会成为潜意识里对自我的要求，伴随一生。当然也有具体技能的学习，但学习是一辈子的事，是比 4 年长太多的一个历程，无论你 4 年里能把一项技能学得有多好，如果拥有取之不尽的求知学习的愿望，用一辈子去学习、反思、提高，所能最后到达的地方肯定是不一样的。不是说这样的求知欲只能在这些学校里培养，但这些学校确实给学生们很好的引导与助力，它们教育的着眼点就是长期的，教育的根本在人本身，而不是某一个具体的知识点。记得在圣母大学的介绍会，招生官提到不要过分追随热门专业，因为现在最热门的专业，等你毕业时很可能不再热门，到时最热门的专业，现在可能压根还未出现。

关于文理学院和通识教育

　　文理学院教育的基础又称"通识教育"。出发考察前，我对文理学院完全不了解。听到的关于文理学院的评论更多地集中在：文理学院学的东西不实在，毕业找不到工作。听上去特别像在美的中国人群中一度流行的结论"只有学电脑才找得到工作"。1998 年刚来美时，到纽约见我先生的好友，他见我学 MBA，告诉我 MBA 找不到工作，只有学电脑才有未来，提议一会儿陪我去学校退学，帮我在纽约找个学校注册学电脑。我谢绝了他让我改专业方向的建议，因为我知道自己不想学电脑。领域热不热门是一码事，能否在这个领域的人群中或多或少做出成绩，自己开不开心，擅不擅长是另一码事。来美快 18 年了，尤其是过去 5 年，我对于这种地毯轰炸式、覆盖一切的泛泛结论逐渐开始形成一点本能的反感。这种整体结论对于一个个体的个人决定价值非常有限。

　　看到一个有趣的关于文理学院的数据。文理学院在美国所有高校中占比 5.79%，学生数量占比 <5%，但 19% 的美国总统、20% 的美国国家科学院院士本科毕业于文理学院。如果考察美国企业的 CEO 和高管，这个比例也会惊人。

　　事实是，对于我（只是我的个人看法），一年的校园参观走下来，我最喜欢的两所大学 Amherst College（阿姆赫斯特学院）、Williams College（威廉姆斯学院），都是文理学院。而让我最心动的综合大学也都是格外注重文理教育，以文理精神为教育之本，以人的教育为第一要务，以技能的培养为辅助的大学。Williams 的导师制最让我向往，比如物理的导师课，问题实际是学生解不了的，但它培养你为了解决问题去找到所需要的信息，找出逻辑推导中的问题，找出数据的问题……在职场折腾十几二十年后回望，这种解决问题的思维方式和能力才是最有价值的。4 年能学到的具体问题的正确答案毕竟有限，4 年不可能教会我们将来会碰到的每个难题的正确答案。何况什么才是正确答案？每件事都有绝对的正确答案吗？

文理学院相对较小，在保持紧密的校园社区外，也在多渠道、多途径地为学生创造提供更多的资源。加州的克莱芒 5 校联盟就是一个例子，只要是任何一个学院的学生，就可以修习所有 5 所学校的课程，可以去所有其他学院的食堂就餐。每个学院风格迥异，但在保有自己的独立性外，为学生提供更多的选择。这是文理学院比较常见的一个做法。宾州的 Bryan Mawr 和附近的 Haverford 就如同双胞胎大学，学生可以互相选课，两个校园紧靠一起，同时不断有班车往返其间，走过去也不太远。Bryan Mawr 和 Haverford 的学生还可以去就近的 Swarthmore 上课，也是一个联盟。

越来越多的文理学院今天投入更多的精力来为学生的未来选择铺路，有些学生毕业后会去继续深造。因为绝大多数文理学院只有本科，从比率来讲，文理学院学生毕业后更多选择进入研究生院继续在专业方向深造是事实。我参观的多所文理学院，学校都积极鼓励学生参与实习，通过实践来加深与拓展所学，也和"职场"尽早亲密接触。这些学校都有专门的资金来支持学生的实习。如果实习机会提供的收入不能涵盖全部费用，学生可以通过申请得到学校直接的针对实习的经济资助。克莱蒙五校联盟中的 CMC 有专门的半年实习期，可以在华盛顿或硅谷进行，平时上班，周末或晚上学习。帮助学生把所学运用到实际工作中，也从实际工作中学习新的知识与技能。这种仅仅用文理学院与否来划定就业前途好坏的看法，人为地压缩了自己的选择空间，不推荐。

在宾州的女子文理学院 Bryan Mawr 参观时，碰到一个带女儿参观学校的美国父亲。他告诉我，他们主要参观考察文理学院，他说主要是两个原因，一是他女儿还不知道自己将来想做什么，文理学院提供给她更多的时间和机会去尝试、了解与选择。选定专业后，很多学生还通过修第二专业和副专业来继续扩大自己的视野和选择面，我在东西海岸参观文理学院时碰到的多个学生导游，几乎无一例外。二是他女儿希望去一个小一点的校园，这样有机会和老师和同学建立更紧密的沟通，希望和这个校园建立更强的关联（bonding）。他们的想法，中国的孩子与父母也可以参考。

视野决定选择

参观塔夫茨是在波士顿的最后一天下午，我们的学生小导游来自堪萨斯州（《绿野仙踪》里的多萝茜就从那儿来的）。她的绝大多数高中同学去了"High school on hills"（山丘上的高中），也就是当地的社区大学。学校的升学顾问对外州大学了解不多，主要建议他们去本州大学（可能了解多些）。她只是因为偶然的机会了解到外面的世界"很精彩"。和我们说起的时候，她自己非常感慨。有时候提建议的人不是不想给你提好建议，只是他知道的就这么多。他／她发自内心给你他们知道的最好的但有限的建议。但大学提供的不仅是资源，更是人，更是可能性，更是一扇一扇的窗。眼界决定高度，高度决定视野，视野左右战略，战略决定发展，是有一定道理的。

大学是人生重要的一步，但也仅仅是一步。美国大学申请对于申请的学生和家庭来讲，尤其是对于中国申请人和家庭来讲，是时间、精力和金钱的巨大投入。既然已经决定投入了，也希望只投入一次，是值得去做做梦，使使劲，伸伸腿，蹦跶蹦跶，去够一够的。

我的塔夫茨小导游的同学们只考虑了堪萨斯的大学，错过了堪萨斯以外那么多的好大学和无数的可能性。只奔着藤校去的孩子，也错过了藤校之外的无限可能。比如说，福布斯全美最佳大学的第一名、美国新闻文理学院第一名的威廉姆斯学院。喜欢电脑科技的，除了斯坦福和伯克利，还有卡尼基梅隆、Harvey Mudd、卡尔顿，还有好多……还未出发，自己已经将可供自己选择的天地、可以到达的目的地腰斩了（或切到脚趾头了）。世界很大，我们看不到，有的时候是不是我们自己拒绝去看？

世界多奇妙，值得去看看。英文讲：Seeing is believing，experiencing is believing（眼见为实，体验过才知道）。对于大学来讲，实地考察会带来不一样或不一样深度的感受与体验。记录在此的也只是我自己感受的一小部分。2015年，只是开始。2016年，继续走起。文中都是我一家之言，兼听则明。

一次一个 *

7名不同背景的哈佛学子的成长故事

 作为 NACAC 的成员，上上周在波士顿参加了我的第一次 NACAC 全国大会，一个近 8000 人参与的大会，有一个讲座给我留下了意想不到的深刻印象。题目是 The Hundred Year Revolution in College Admission–50 Down and 50 To Go（大学招生之百年变迁——50 年已完成还有 50 年继续努力）。主讲人是哈佛大学资深的录取和经济资助校长 William Fitzsimmons 和他的一群小朋友。大家看到这儿肯定会说，哦，是因为人家是哈佛你才激动的吧？还真不是。

 William Fitzsimmons，他已在位哈佛招生校长二三十年了。我们也是进场后才意识到，他今天只是做开场的介绍人，他邀请了 7 名完全不同背景、肤色、性别、种族、年龄、专业甚至国籍的哈佛毕业生或在校生来分享他们每个人自己不同的成长故事，而每个

---

* Shirley 2017 年 9 月 25 日记于明州。

/"面试"美国大学

人的故事都是那么的真实与鲜活动人。

开场时，William Fitzsimmons 做了一点引导性的评论。提到如今的美国是一个意见相对分裂的时期。仅从刚过去的这次大选来说，"无论你说支持谁，都会有 50% 的人反对"。他也提到有看法说"跨社会阶层的流动更难了，减弱了"。他同时指出从哈佛的角度来看，"从当年的男女比列 4 : 1，没有国际学生，没有非白人，到今年新入学学生的男女比例 1 : 1，22% 亚裔、15% 非裔、12% 的拉丁裔以及 2.5% 印第安和岛民，哈佛经历了巨大变迁"。他最后的结语是："教育的目标就是最大化孩子的潜力，一次一个孩子（one person at a time），同时教育具有倍增效应。"我的记录是根据我自己手做的笔记，也许有细节不够精准的地方，见谅。

真正震撼到我的不是他，而是他带来的这一拨"小朋友"，一共 7 位，两名白人（男女各一）、一名印第安姑娘、一名亚裔女生、两名非裔男生（一名本土，一名来自卢旺达）、还有一名拉丁裔男生。7 人中有在校生，但主要是校友。他们显然是 Fitz（这些人都这么称呼他）精心挑选安排的。一个多小时的时间里，我得到的最强烈的感受是，这是 7 个活得多么真实的人啊。

两个白人，一男一女。女生来自芝加哥，是因为篮球进入哈佛的，参与并见证过哈佛篮球史上以小博大的胜利一刻。如今是一个开开心心的住家妈妈，有四个孩子。也曾在哈佛招生办工作过。开心、积极、不时大笑。提到她在哈佛最大的收获来自她的篮球教练。第二个小伙子来自德州的养牛场，家里三代养牛。来到哈佛后才意识到，自己曾经的世界有多小，生活中周围的人都是一样的。妈妈是当地中学的升学顾问，这个中学只有 15% 的学生上大学。妈妈认为他应该尝试拥有不一样的生活，他做到了。他是家里的第一代大学生。

第三个小伙子来自卢旺达，在哈佛主修经济学。卢旺达大屠杀中，80 万人失去了生命，其中包括他的父母。只留下他带着弟妹们挣扎。7 岁那年家乡大旱，挣扎不下去了，他只好带着弟妹们前往首都，指望在首都可能更容易找到吃的。但首都的日子并不容易，他们住在垃圾箱里，靠刨垃圾里别人丢弃的食品勉强养活自己。有时食物上粘了别的东西，比如牙膏，他和弟妹们会用心地刮掉。述说这些的时候，他很平静，好像在述说一个久远的故事，波澜不惊，而我们听者却很动容。又也许是经历过大苦难后人的平静，因为都经历过了。他也是幸运的，有一天，有位女士找到他们，表示愿意帮助他们，问他想做什么。他回答："我想上学。"因为他希望有一天能自己挣钱，照顾弟妹们。等到高中毕业，他选择了来哈佛。讲到这里，他的脸上是灿烂的笑容。他同时补充到，选择哈佛不仅仅是因为哈佛的名声，也是因为哈佛是他负担得起的仅有几所大学之一。哈佛应该承付了他所有生活费、学费和旅行费用。他也提到 Transformational vs. traditional experience（转型性的教育体验相对于传统教育体验）。讲到这里，讲到自己未来的打算，可以很

/"面试"美国大学

容易地看出他终于激动起来。他说他想运用自己的热情来致力于社会转型，致力于把高等教育推广到偏远地区去。他前后也就说了 10 来分钟，他坐下时，我们的掌声经久不息，说实话内心翻腾不已。教育改变命运，活生生地展示在我们眼前。而我们有理由相信，经历这一切之后的他，一定能为更多人带来改变命运的机会。

第四位女生是亚裔，如今是卫斯利女子学院的招生总监，曾在哈佛就读本科和研究生，是注册会计师，既有会计的硕士学位，也有 MBA 学位，曾在哈佛招生办公室工作多年，其间还在台北美国学校工作过两年。职业生涯之初，曾就职于咨询和财会行业。成长在一个亚裔（华裔）家庭，父母从小给她灌输的概念是"考不上哈佛，你就会流落街头"（听着有点耳熟）。说起父母，她说他们是"tiger parent in denial"（虎父虎妈但拒绝承认）。当初选择会计专业，有父母的影响。她说到当年申请哈佛的面试做得很不好，让招生人员好生犹豫，她自己在招生办公室工作后，曾调出自己的档案来看了。说时回头对 William 笑道：感谢当年给我一次尝试的机会。她辞去咨询公司的会计工作时，已在合伙人的预备道路上（partner track），但自己觉得没有意思。朋友听到她要辞职，问她"你只是个会计，你能做什么呢？"她当时的直觉反应："你什么意思，我可是受过文理教育的。我什么都能做。"她提到如今 65% 的学生最后从事的工作当年根本不存在。提到亚裔人群中的心理健康问题。提到她自己当年在哈佛学习上并不出色，但这是可以接受的。当讲到哈佛学习对她的影响，她说："哈佛教给我自信，不是来自于其他人的认可，也不是来自成绩"，"培养了好奇心"。职场这些年，更让她变得越来越"毫不妥协的直率（透明）"，变得更加的无所畏惧。对于她来说，生活有很多可能的选择：职业高尔夫选手、乡村音乐，或是美食真人秀等。事后我专门去 Google 了她，显然她是一名很出色的厨师。但她如今的使命仍然是：通过教育改变命运，一次一个（one at a time）。

　　第五位男孩刚刚从哈佛毕业，专注于艺术。来自一个艺术家庭。他最大的认知是：艺术是有力量的，不仅仅是用来娱乐，也可以帮助他人。比如人们可以一起口技。他如今致力于教孩子们口技。哈佛为他的一个口技项目提供了资金。他先是现场教我们一起口技。后来还为我们现场口技一曲。在所有 7 个人里，他是唯一一个感觉没能完全放松自如的孩子，也许是搞艺术的人更加敏感吧。

　　第六位女孩是印第安人，她家离美墨边界只有 10 分钟的距离。父亲是个电力公司工人，家里有很多兄弟姐妹。她的中学只有不到 15% 的学生上大学。当哈佛 Email 她时，她甚至没有勇气回但最终还是鼓起勇气申请了哈佛。如今她在哈佛招生办公室工作，负责招收少数族裔的学生。致力于让学生们明白一点：能够录取到他们也是哈佛的幸运。

　　最后一个非裔美国孩子正上大二，来自迈阿密中城的穷人区。自己是家里第一代大学生，一家人靠食品券度日。他也是他的中学唯一一名进入他们地区以外优秀大学的学生。8 岁那年，他在一部电影里了解到哈佛，然后告诉自己将来就去哈佛上学了。直到上了高中，他才通过 Google 了解到还有其他的优秀大学存在。六七岁的时候，他决定长大要成为一名神经外科医生，从那时起，他努力向着梦想前进，并一度成为全美中学生一个关于神经外科协会的带头人，还去医院做实习。但后来突然发现自己对于成为神经外科医生不再保有热情。他的整个 12 年级，内心都充满了恐惧，尤其因为他以前的目标太明确，他自己太投入，如今一下子失去了目标，心中尤其惶恐，不知道将来该干什么。他把自己的惶恐与迷惑与担忧直接写进了大学申请的论文中，并提前申请了哈佛，但哈佛延迟了（defer）他的录取，把他放到常规申请人群中，但最终录取了他。在哈佛的这一年，他尝试了很多不同的东西，他直接参与了 22 个剧的制作，这学期直接上手导演音乐剧，同时致力于帮助自己曾经走出来的社区里的家庭和孩子。同时也在考虑将来是否从事法律相关的职业。一个特别有活力有感染力的小伙子。听他谈话，满满都是正能量。

他们每一个人都显得特别真实，波澜不惊，完全没有沾沾自喜，只是娓娓道来自己的成长故事，好几个孩子还特别幽默，尽管在人生不同的阶段，流露出自信、自如、从容，知道自己在干什么，无论是什么样的选择，非常真实。每个人身后都是完全不一样的故事，共同点是都经历了成长，还在继续成长。

从他们身上，有着深深的体验：教育改变命运，一个一个地来。很开心自己的职业选择。One at a time，哪怕只帮到了一个呢？

同时我也从内心里佩服 William Fitzsimmons，这样的安排他用了心，而且非常有效。对于观众来讲，这些不同的孩子的成长故事，肯定比 William 的宣讲更有价值。已经不仅仅是有价值了（Value added），而是非常励志的（inspirational）。同时哈佛近来（其实永远是）被批评录取上的种族歧视与不公平，与其自己辩解，远不如这些高度多元化背景的孩子自己讲述自己的故事来的有效有力。尤其观众中是来自全美甚至全球的各个高中的升学顾问以及和学生紧密合作的独立顾问们，他们会把自己的感受带回到全美全世界的中学和学生那儿去。还有什么比这种方式更有效更有可信度呢？

NACAC National Association for College Admission Counselling（全美大学录取辅导协会）不同于一般的升学行业协会（见图 1），因为它把大学招生人员，高中升学顾问和独立教育顾问三个人群召集在了一起。它在全球有 1 万多名会员，大家熟悉的各大藤校，各大公立大学私立大学，文理学院和它们的招生团队都是它的会员，美国很多私立公立高中的升学顾问也是它的成员，当然还包括我这样的独立顾问 IEC。细想这确实是最有效的方式，因为这三个团体最根本的目标是一致的，就是帮助学生从高中进入合适的大学，

"面试"美国大学

帮助他们顺利地完成高中到大学的转换，帮助他们尽全力发挥潜力，健康成长。这三方必须通力合作，才可能做到这一点。

图1　作者2017年参加NACAC在波士顿的活动

附录：Shirley "面试" 过的大学 *

	University Name *	中文名	类型
1	**Amherst College**	阿姆赫斯特学院	文理学院
2	Bates College	贝茨学院	文理学院
3	**Bentley University**	本特利大学	专业商科
4	Boston College	波士顿学院	私立综合
5	Boston University	波士顿大学	私立综合
6	Bowdoin College	鲍登学院	文理学院
7	**Brandeis University**	布兰迪斯大学	私立综合
8	**Brown University**	布朗大学	私立综合
9	Bryn Mawr College	布林茅尔学院	文理学院
10	Burkelee Music/Boston Conservatory	伯克利音乐学院	专业音乐
11	**California Institute of Technology**	加州理工	私立综合
12	**Carlton College**	卡尔顿学院	文理学院
13	Carnegie Melon University	卡尼基梅隆大学	私立综合
14	**Claremont McKenna College（CMC）**	克莱芒麦肯纳学院	文理学院

---

* 颜色加深的大学在本书中做了记录。

	University Name	中文名	类型
15	Colby College	科尔比学院	文理学院
16	Colorado School of Mines	科罗拉多矿业学院	私立综合
17	**Columbia University**	**哥伦比亚大学**	**私立综合**
18	Dartmouth College	达特茅斯学院	私立综合
19	Davidson College	戴维森学院	文理学院
20	Drexel University	德雷塞尔大学	私立综合
21	**Duke University**	**杜克大学**	**私立综合**
22	Emerson College	埃默森学院	专业传播
23	Emmanuel College	伊曼纽尔学院	文理学院
24	Franklin and Marshall College	富兰克林马歇尔学院	文理学院
25	**Franklin W. Olin College of Engineering**	**欧林工程学院**	**专业工程**
26	George Washington University	乔治华盛顿大学	私立综合
27	**Georgetown University**	**乔治城大学**	**私立综合**
28	Harvard Univesity	哈佛大学	私立综合
29	**Harvey Mudd College**	**哈维穆德学院**	**文理学院**
30	Macalester College	玛卡莱斯特学院	文理学院
31	Marymont Manhattan Institute	玛丽蒙曼哈顿学院	专业艺术
32	Massachusetts College of Pharmacy and Health Sciences	麻省医药健康科学学院	专业医药
33	Massachusetts University of Arts	麻省艺术大学	专业艺术
34	Minneapolis College of Art and Design	明尼艺术设计学院	专业艺术
35	Massachusettes Institute of Technology	麻省理工学院	私立综合
36	Naropa University	纳罗帕大学	文理学院
37	New York University	纽约大学	私立综合

	University Name	中文名	类型
38	Northeastern University	东北大学	私立综合
39	Northwestern University	西北大学	私立综合
40	Pace Performing Arts School	佩斯表演艺术学院	专业艺术
41	**Parsons School of Design**	**帕森斯设计学院**	**专业艺术**
42	Philadelphia University	费城大学	私立综合
43	**Pitzer College**	**皮泽学院**	**文理学院**
44	**Pomona College**	**波莫纳学院**	**文理学院**
45	**Pratt Institute**	**普拉特学院**	**专业艺术**
46	Purchase College, SUNY	纽约州立大学帕切斯学院	专业艺术
47	**Rhode Island School of Design**	**罗德岛设计学院**	**专业艺术**
48	Scripps College	斯克利普斯学院	文理学院
49	Simmons College	西蒙斯学院	私立综合
50	**Smith College**	**史密斯学院**	**文理学院**
51	Stanford University	斯坦福大学	私立综合
52	Swarthmore College	斯沃斯莫儿学院	文理学院
53	Sweet Briar College	斯威特布莱尔学院	文理学院
54	Tisch School of Arts, NYU	纽约大学帝势艺术学院	专业艺术
55	Tufts University	塔夫茨大学	私立综合
56	Tyler School of Art, Temple University	天普大学泰勒艺术学院	专业艺术
57	University of Arts	艺术大学	专业艺术
58	University of California Berkeley	加州大学伯克利	公立综合
59	University of California Irvine	加州大学尔湾校区	公立综合
60	University of California Los Angeles	加州大学洛杉矶	公立综合

	University Name	中文名	类型
61	University of California San Diego	加州大学圣地亚哥	公立综合
62	University of Chicago	芝加哥大学	私立综合
63	University of Colorado Anschutz Medical Campus	科罗拉多大学医学院	专业医学
64	University of Colorado Boulder	科罗拉多大学博尔得校区	公立综合
65	**University of Connecticut**	**康涅狄格大学**	公立综合
66	University of Illinois Urbana Champaign	伊利洛伊大学香槟校区	公立综合
67	University of Maryland	马里兰大学	公立综合
68	University of Michigan Ann Arbor	密西根大学安娜堡	公立综合
69	**University of Minnesota Twin Cities**	**明尼苏达大学双城校区**	公立综合
70	**University of Notre Dame**	**圣母大学**	私立综合
71	University of Pennsylvania	宾夕法尼亚大学	私立综合
72	**University of Virginia**	**弗吉利亚大学**	公立综合
73	University of Wisconsin Madison	威斯康辛大学麦迪逊校区	公立综合
74	**Wake Forest University**	**维克森林大学**	私立综合
75	**Wellesley College**	**卫斯理学院**	文理学院
76	Wentworth Institute of Technology	温特沃斯理工学院	专业理工
77	Wheelock College	惠洛克学院	私立综合
78	Whittier College	惠蒂尔学院	文理学院
79	**Williams College**	**威廉姆斯学院**	文理学院
80	**Yale Univesity**	**耶鲁大学**	私立综合

图书在版编目（CIP）数据

"面试"美国大学 / 先庆著. -- 北京：社会科学
文献出版社，2018.8
ISBN 978 - 7 - 5201 - 3126 - 1

Ⅰ.①面…　Ⅱ.①先…　Ⅲ.①高等学校－介绍－美国
Ⅳ.①G649.712.8

中国版本图书馆 CIP 数据核字（2018）第 161690 号

"面试"美国大学

著　　者 / 先庆（Shirley）

出 版 人 / 谢寿光
项目统筹 / 邓泳红
责任编辑 / 陈　雪　郭　峰

出　　版 / 社会科学文献出版社·皮书出版分社(010)59367127
　　　　　　地址：北京市北三环中路甲 29 号院华龙大厦　邮编：100029
　　　　　　网址：www. ssap. com. cn
发　　行 / 市场营销中心（010）59367081　59367018
印　　装 / 三河市东方印刷有限公司

规　　格 / 开　本：787mm × 1092mm　1/16
　　　　　　印　张：16　插页：1.25　字　数：155 千字
版　　次 / 2018 年 8 月第 1 版　2018 年 8 月第 1 次印刷
书　　号 / ISBN 978 - 7 - 5201 - 3126 - 1
定　　价 / 69.00 元

本书如有印装质量问题，请与读者服务中心（010 - 59367028）联系